H. AUBERT

MYTHES ET LÉGENDES

DE LA GRÈCE ET DE ROME

HENRY PAULIN et Cⁱᵉ, Éditeurs.

La Corricchiani, pinx. Bartolozzi, sculp.

Apollon et les Muses.

Mythes et Légendes

Mythes
et
Légendes

Avec deux cartes hors texte
et 70 reproductions d'Œuvres de Maître et de gravures
du Cabinet des Estampes.

PARIS

HENRY PAULIN ET Cⁱᵉ, ÉDITEURS

24, RUE HAUTEFEUILLE (VIᵉ)

DIEUX ET DÉESSES

Les Origines.

Antérieurement à toutes choses, et sans commencement, étaient le Chaos, la Nuit, et l'Amour ou Éros.

Du Chaos et de la Nuit fut engendré le Destin, divinité toute puissante et aveugle qui régit le monde. Ses décrets sont inscrits sur un livre d'airain, et les dieux à venir pourront bien, s'ils le veulent, en retarder l'effet, mais non pas les enfreindre.

Vint ensuite la Terre ou Titéa, puis le Tartare, abîme ténébreux de la terre.

La Terre enfanta d'elle-même le Ciel ou Uranus, qui devait être la demeure des dieux, puis la Mer, puis les Cyclopes, prodiges de force et d'insolence, qu'Uranus précipita dans le Tartare.

De son union avec Uranus, la Terre eut Titan, l'Océan, Téthys, Céus, Hypérion ou le Soleil, Japet, Rhéa ou Cybèle, Thémis, Mnémosyne et Saturne ou Cronos : ce furent là *les Titans*. Elle eut enfin Briarée et Gyas, colosses aux cinquante têtes et aux cent bras.

Uranus précipitant au fond du Tartare tous ses enfants, Titéa fabriqua une faux et provoqua ses fils à se venger de leur père. Saturne se chargea de la vengeance. Il guetta Uranus et le mutila : du sang qui tomba sur la surface de la terre naquirent les Furies ; de celui qui tomba dans les flots naquit Vénus.

Saturne; en grec, **Cronos**. — Saturne épouse Rhéa et règne à la place de son père dépossédé. mais Titan, en sa qualité d'aîné, réclame le trône qui lui revient. Titéa s'interpose, et il est convenu qu'à la mort de Saturne, qui ne devra élever aucun enfant mâle, Titan prendra la succession. Dès lors Saturne se met à dévorer tous ses enfants, filles ou garçons. Il dévore Vesta, sa fille aînée, Cérès et Pluton. Cependant Rhéa met au monde Jupiter et Junon. Saturne dévore Junon, mais Rhéa, faisant rapidement disparaître Jupiter, donne à son époux une pierre emmaillotée à la place de l'enfant, et transporte son fils dans l'île de Crète où les Nymphes le recueillent, où la chèvre Amalthée le nourrit de son lait (1), où les prêtres de Cybèle, Curètes, Corybantes et Dactyles, étouffent par le bruit de leurs danses les vagissements qui pourraient parvenir jusqu'aux oreilles de Saturne.

Titan a découvert la supercherie. Soutenu par ses enfants, il entre en lutte contre son frère, le vainc et l'enferme. Alors Jupiter, tout jeune encore, se révèle à son père. Sur le conseil de Métis, fille de l'Océan, il donne à Saturne un vomitif qui lui fait rendre les enfants qu'il a déjà dévorés, et, s'unissant à eux, il engage, avec l'aide des Cyclopes qu'il fait sortir des profondeurs du Tartare et dont il reçoit des foudres, une lutte terrible contre Titan et les siens. Il les écrase à coups de tonnerre, délivre son père et le rétablit sur le trône. Mais Saturne, qui redoute la force de son fils, lui tend des pièges. Indigné, Jupiter lui déclare la guerre à son tour, le chasse du ciel sur la terre et s'installe en sa place.

---

(1) En reconnaissance de ce bon office, Jupiter plaça plus tard la chèvre Amalthée dans le ciel en compagnie de ses deux chevreaux, et donna une de ses cornes aux Nymphes qui avaient pris soin de lui. Cette corne eut depuis lors la vertu de produire tout ce que l'on désirait : c'est ce qu'on appelait la *corne d'abondance*.

Exilé, réduit à la condition de simple mortel, Saturne vient se réfugier en Italie, dans le royaume de Janus, appelé depuis Latium, c'est-à-dire *Refuge*, et en récompense du bon accueil qu'il reçoit de ce roi, il lui donne la faculté de connaître l'avenir aussi bien que le passé, enseigne l'agriculture à ses sujets, et fait régner sur ses terres une telle abondance et une telle félicité que cette époque en porta le nom d'*Age d'or*. C'est en mémoire de cet heureux âge que les Romains instituèrent plus tard, sous le nom de *Saturnales*, des fêtes annuelles en l'honneur de Saturne. Il régnait du reste dans ces orgies carnavalesques une licence effrénée. Quant à Janus, on le représenta, par la suite, avec deux visages tournés en sens contraire, symbole de sa double science, et on éleva dans Rome un temple dont les portes ne devaient se fermer que pendant la paix. Malheureusement elles ne se fermèrent pas plus de trois fois dans l'espace de sept siècles : une première fois sous Numa, la seconde fois après la seconde guerre punique, et la troisième sous le règne d'Auguste.

Le samedi, *jour de Saturne*, était consacré à ce dieu.

Cybèle. — Rhéa, sœur et femme de Saturne, est désignée le plus souvent sous le nom de Cybèle, et, quoique fille de Titéa, la Terre, elle représente la Terre elle-même, la Nature avec toute sa rude fécondité. Mère de la plupart des Grands Dieux, elle est encore appelée la *Mère des Dieux*, ou la *Grande Mère*, ou la *Bonne Déesse*, ou *Ops* (trésor). Quand elle naquit, sa mère l'exposa dans une forêt, mais les bêtes sauvages prirent soin d'elle. Son culte se développa d'abord en Phrygie et passa en Crète, puis en Grèce, puis à Rome. On conservait sur le mont Palatin, dans le temple de la Victoire, une grosse pierre

Cybèle.
(Statue du jardin du Vatican.)

informe qui était le simulacre de la déesse et de laquelle dépendait la stabilité de l'empire. Cependant on la représentait aussi sous les traits d'une femme robuste, assise sur un char que tiraient des lions et portant une branche ou une couronne de chêne, la tête ceinte de tours, et une clé dans la main. Le chêne symbolisait la nourriture des premiers hommes, les tours étaient celles des cités que protégeait Cybèle, et la clé rappelait tous les trésors que la terre renferme dans son sein. Ses prêtres, appelés *Corybantes* et *Galles* en Phrygie, *Cabires* dans l'île de Samothrace, *Curètes* et *Dactyles* en Crète, l'honoraient en dansant autour de sa statue avec une certaine cadence et en faisant des contorsions épouvantables. Les mystères de la *Bonne Déesse* se célébraient dans le bruit et s'accompagnaient d'une effroyable licence.

Les Dieux organisés.

I. — LE CIEL.

Jupiter ; en grec, *Zeus.*

Devenu maître du monde, Jupiter donna la mer à
Neptune, les Enfers à Pluton, et se réserva le Ciel. Alors,
pour faire souche de dieux, il épousa la très sage Métis,
ou la *Raison*, qu'il avala pourtant dans la crainte d'en
avoir un jour, comme elle le prédisait elle-même, un fils
plus fort que lui : de cette étrange absorption naquit
Minerve qui sortit un jour toute casquée du cerveau de
Jupiter. Le dieu épousa ensuite Thémis, ou la *Justice*,
qui fut la mère des *Heures* ; Eurynome, la plus belle des
Océanides et mère des Trois *Grâces* ; Cérès, sa propre
sœur, qui lui donna Proserpine ; la Titanide Mnémosyne,
ou la *Mémoire*, d'où naquirent les neuf *Muses* ; Latone,
une autre de ses sœurs, qui enfanta Apollon et Diane,
les plus beaux d'entre les Immortels ; enfin Junon, sa
sœur et son épouse principale, mère d'Hébé, de Mars et
de Vulcain.

Cependant Jupiter eut bientôt à soutenir une guerre
terrible contre les Géants, fils de la Terre, monstres
dont le corps se terminait par une queue de serpent
recouverte d'écailles. Ces colosses ont entrepris en effet
de détrôner le fils de Saturne, et, pour escalader l'Olympe, ils ont entassé monts sur monts, Ossa sur Pélion. Tous
les dieux, toutes les déesses, et Prométhée lui-même,
le fils du Titan Japet, s'en viennent à la rescousse : les
Géants sont battus, et le terrible Encelade est enseveli
sous l'Etna où depuis lors il se débat toujours. Alors la
Terre, pour venger ses fils, enfante un nouveau monstre,
plus redoutable que les autres : c'est Typhon, dont la

tête atteint jusqu'aux astres. De ses mains, qui touchent à la fois aux deux extrémités du ciel, sortent cent têtes de serpents ; de ses cuisses mille vipères s'élancent, qui se replient autour de lui et font entendre d'horribles sifflements ; son corps est couvert de plumes, et ses longs cheveux flottent sur son vaste dos, éparpillés par un souffle de tempête. Quand les dieux le virent fondre au pas de course sur l'Olympe, ils s'enfuirent, affolés, jusqu'au fond de l'Égypte et s'y cachèrent sous la forme d'animaux. Jupiter cependant y est bientôt fait prisonnier et mis sous la garde d'un serpent. Mais le subtil Mercure parvient à le délivrer, et le roi de l'Olympe, se retournant alors contre Typhon, le foudroie et le précipite dans le Tartare.

Désormais Jupiter régnera sans que plus rien le trouble. Une seule fois, Junon, sa propre femme, irritée de ses infidélités, tentera de soulever les dieux contre son époux. Déjà l'Olympe s'agitait, quand le complot fut éventé par Thétis, une des nymphes de la mer. Elle amène au secours du Maître l'invincible Briarée aux cent bras, et tout aussitôt les divinités rentrent dans l'ordre. Jupiter, pour châtier Junon, la suspend entre le ciel et la terre avec une chaîne d'or, une enclume à chaque pied, et l'infortuné Vulcain, qui par pitié se hasarde à délivrer sa mère, est précipité brutalement du ciel : il tombe dans l'île de Lemnos, s'y casse les deux jambes et en reste boiteux pour toujours (1). — L'Olympe avait retrouvé la paix et Jupiter sa puissance incontestée.

L'Olympe. — Cet Olympe est la Cité des dieux. Située primitivement, dans la croyance populaire, sur le som-

(1) Sur la claudication du dieu, voir, à *Vulcain*, une autre légende, p. 34.

TOMMASO PIROLI, des.
Jupiter.
F. PIRANESI, sculp.

met le plus élevé de la plus haute montagne de Grèce, —
le mont Olympe, en Thessalie, — la ville olympique,
construite par l'art de Vulcain, se confondit rapidement
avec le ciel même. C'est de là que, trônant sur un siège
d'or, Jupiter gouverne le monde, assisté d'un conseil de
douze grands dieux, qui sont presque tous ou ses frères
et sœurs ou ses enfants. C'est Junon, assise à ses côtés ;
c'est Neptune, le dieu des mers ; c'est Mercure, le fils
de Maïa, fille du géant Atlas (1) ; c'est Apollon et Mars
et Vulcain et Cérès et Minerve et Vesta et Diane et
Vénus ; et tous ensemble ils délibèrent sur les destinées
des mortels, enfants du Titan Prométhée (2), et dans
leurs moments de loisir ils boivent à pleines coupes le
nectar et se nourrissent du divin mets de l'ambroisie.

Les Prières. — Jupiter, leur souverain, est avant
tout le dieu du ciel et du jour, le dieu puissant qui préside à tous les phénomènes atmosphériques. Il est sage
par excellence et connaît toutes choses. Il est la seule
divinité qui soit libre et dont la volonté ne soit limitée
que par le Destin. La règle et l'ordre qu'il établit dans
l'espace, Jupiter l'établit encore dans les sociétés humaines, où les rois tiennent de lui leur puissance et sont
justiciables de son tribunal, eux et leurs peuples. On ne
peut rentrer en grâce auprès de lui que par l'intermédiaire des *Prières*, filles humbles et boiteuses du dieu,
toujours occupées à réparer les maux causés par Até,
leur odieuse et malfaisante sœur. Il symbolise la puissance, la justice et la bonté.

Dieu universel de la Grèce et de Rome, Jupiter était
honoré en tous lieux, mais principalement en Élide, à

(1) Les Romains remplaçaient Mercure par Pluton dans le conseil
des Grands Dieux.
(2) Voir *Prométhée*, p. 86.

Junon.
(D'après une gravure du Cabinet des Estampes).

Olympie, où était son principal sanctuaire. On lui sacrifiait
des chèvres, des brebis, des taureaux blancs dont on avait
doré les cornes, jamais de victimes humaines ; souvent
même on se contentait de lui offrir de la farine, du sel et
de l'encens. Le chêne lui était consacré, et c'était par la
voix des chênes qu'il rendait des oracles dans la forêt
de Dodone, en Épire. L'aigle était son oiseau favori.

Le jeudi était le *jour de Jupiter.*

Junon ; en grec, **Hèra.**

Junon aux bras blancs est l'épouse fidèle mais gron-
deuse de Jupiter. D'humeur hautaine et vindicative, elle
est le plus souvent occupée à poursuivre de sa haine les
amantes terrestres de son royal époux et leurs enfants.
L'Olympe même est souvent troublé du bruit de sa
colère. Ennemie des mœurs dissolues, elle préside au
mariage des jeunes filles, conduit la fiancée à la maison
de son époux, et fait venir les enfants au jour. Elle est
la personnification de la sainteté conjugale. Associée à
la souveraineté de Jupiter, elle exerce, comme lui, une
action toute puissante sur les phénomènes atmosphériques. L'union de ces deux divinités est le symbole de
la nature dans ses orages, et la fécondité de l'univers
se retrouve dans la vie mythique du ménage divin.
Principalement adorée dans les cités austères, Argos,
Mycènes, Sparte, Junon a naturellement en horreur les
peuples efféminés de l'Asie et devient, au contraire, la
déesse nationale du peuple romain.

On lui sacrifiait ordinairement une jeune brebis ou
une truie, jamais de vache, parce que, durant la guerre
des Géants contre les dieux, elle s'était cachée sous cette
forme en Égypte. Le paon criard était son oiseau favori.

Minerve ; en grec, *Athéné.*

Depuis l'engloutissement de Métis, sa première épouse, Jupiter souffrait de cruels maux de tête. N'y pouvant plus tenir, il pria Vulcain, son fils, de lui asséner sur le crâne un violent coup de hache. Le crâne entr'ouvert donna passage à Minerve qui jaillit, toute casquée et la lance en main, rapide et impétueuse comme l'éclair dont elle est l'image, de la cervelle du dieu.

Minerve, déesse éminemment intelligente, est une divinité tout à la fois guerrière et pacifique : car c'est de la guerre victorieuse que sort la paix. Déesse de la guerre, elle se plaît aux combinaisons savantes et inspire aux héros la bravoure calme et réfléchie.

Minerve.
(Statue antique, Musée du Louvre.)

Déesse de la paix, elle protège les arts manuels et les

travaux des champs, elle inspire les femmes qui tissent la toile, les artisans et les artistes de toute espèce, les ouvriers de l'intelligence humaine, philosophes, poètes et orateurs. A ce titre, elle est bien la parfaite image de la race hellénique, race active, industrieuse, et si profondément artiste. Elle est la Vierge par excellence, celle à qui les Athéniens ont dédié sur leur Acropole le temple du Parthénon, c'est-à-dire *de la Vierge*, et en l'honneur de qui se célébrait tous les quatre ans la fête éblouissante des *Panathénées*.

Le nom de *Pallas* qu'elle porte conjointement à l'autre, lui vient du Géant qu'elle tua de ses mains en venant au secours de Jupiter, dont elle est la fille préférée. Sur la poitrine de la déesse était agrafée la fameuse *égide*, faite de la peau de la chèvre Amalthée (1) : recouvrant l'agrafe, la tête pétrifiante de la Gorgone Méduse, entourée de serpents (2). — On dit aussi que l'égide est un bouclier recouvert de cette peau et portant sur sa bosse la hideuse tête de Méduse. Apollon, Jupiter et Minerve s'en servaient pour répandre la terreur parmi les peuples ou pour amonceler les orages et les tempêtes.

L'oiseau consacré à Minerve était la chouette, sans doute parce que le regard de la chouette transperce les ténèbres de la nuit, comme l'intelligence pénètre à travers l'obscurité des choses.

Apollon ; en grec, *Phœbus*.

Apollon, frère jumeau de Diane, est le fils de Jupiter et de Latone, la fille du Titan Céus. Il naquit dans l'île de Délos, que Neptune, touché de compassion pour la

(1) Voir *Saturne*, p. 4.
(2) Voir *Persée*, p. 174.

Latone et ses deux enfants dans l'île de Délos.
(Groupe de Balthasar Marsy de Cambrai.)

Titanide à qui la Terre, sur l'ordre de Junon, ne voulait donner aucun asile, fit surgir des flots au milieu de l'Ar-

L'Apollon du Belvédère (1).

chipel. A peine est-il sorti des bras de sa mère qu'il tue à coups de flèches le serpent Python que la jalouse épouse

(1) *Belvédère* est un mot italien qui signifie terrasse ou pavillon dans un lieu élevé. Il s'agit ici d'un pavillon du Vatican, dressé au XVIe siècle par l'architecte Bramante.

H. AUBERT. *Lég. myth.*

2

Le char d'Apollon.

(D'après une gravure du Cabinet des Estampes.

de Jupiter avait suscité contre elle. — C'est de la peau de ce serpent que l'on recouvrit plus tard le trépied sur lequel s'asseyait la *Pythonisse* de Delphes pour rendre ses oracles, et c'est pour perpétuer le souvenir de cette victoire d'Apollon enfant que les Delphiens instituèrent dans leur ville des *Jeux Pythiques* qu'ils célébraient tous les quatre ans.

Apollon était le plus radieux des Immortels, et cela lui valut d'être le dieu du jour ; mais auparavant il eut à subir — et pour cause — un long exil sur la Terre. Il avait percé de ses flèches les Cyclopes, coupables à ses yeux d'avoir forgé la foudre dont Jupiter s'était servi pour frapper Esculape, son fils (1). Retiré chez Admète, en Thessalie, il garda les troupeaux de ce roi jusqu'au jour où Jupiter le rétablit dans tous les droits de la divinité et le chargea de répandre la lumière sur toute la surface du globe.

Apollon n'est pas le Soleil lui-même. Le Soleil est l'un des Titans, et il se nomme Hypérion. Apollon est le dieu conducteur de son char. Dans cette fonction il prend le nom de Phébus, c'est-à-dire *le brillant*. Dieu de la lumière et de la chaleur, il vivifie tous les êtres, fait germer et mûrir les fruits et les moissons, mais aussi, sous les ardeurs de la canicule, il les dessèche, et ses flèches redoutables donnent la mort : il est le dieu qui tue, le dieu des armées, fort et toujours victorieux. Par contre, c'est lui qui détruit les miasmes et qui purifie l'atmosphère : il est donc le grand guérisseur et le grand médecin, père d'Esculape (2). Ce puissant purificateur des corps efface également la souillure des âmes dont il rétablit la beauté devant les dieux : c'est lui qu'im-

(1) Voir *Esculape*, p. 254.
(2) Voir *Esculape*, p. 253.

plorent les criminels repentants ; il calme l'agitation des
pensées humaines et adoucit les instincts. Il est alors,
sous le nom d'Apollon, le dieu de l'harmonie, de la
musique et de l'inspiration, le dieu chef des Muses, le
dieu prophétique qui inspire ses prêtresses à Délos, à
Ténédos, à Claros, à Patare, à Cumes, à Rome, sur le
mont Palatin, où Auguste, qui avait pour ce dieu une
dévotion particulière, lui dédia un temple, mais surtout
à Delphes, où son temple est le plus beau, le plus riche
et le plus renommé de tous. C'est lui que l'on consulte
pour fonder une cité ou une colonie, pour instituer des
lois. Il est mêlé, surtout en Grèce, aux actes les plus
importants de la vie publique.

Les Muses.

Les Muses, dont Apollon préside le chœur, sont filles
de Jupiter et de Mnémosyne. Elles habitaient tantôt
l'Olympe, montagne de Thessalie, tantôt le mont Piérus,
en Macédoine — d'où leur nom de *Piérides* (1) — tantôt
le mont Hélicon, dans le pays d'Ascra, en Béotie, tantôt
le Pinde, entre l'Épire et la Thessalie, tantôt enfin, dans
la Phocide, les deux sommets du mont Parnasse. La fontaine d'Hippocrène, située à peu de distance de l'Hélicon,
leur était consacrée. — C'est Pégase, le cheval ailé né
du sang de la Méduse (2), qui jadis, d'un coup de son
sabot, avait fait jaillir du sol cette fontaine. Pégase était
la monture des poètes, qui l'enfourchaient, dit-on, pour

(1) On dit encore que ce nom leur vient de Piérus, roi de Macédoine, dont les neuf filles avaient osé les défier au combat de la poésie.
Les Piérides, vaincues selon le témoignage des Nymphes de la contrée, furent métamorphosées en pies, et les Muses prirent leur
nom pour perpétuer le souvenir de cette victoire.
(2) Voir *Persée*, p. 177 et 178.

s'élever jusqu'au ciel. Il paissait d'ordinaire sur les bords de l'Hippocrène, ou de la fontaine Castalie — dans les environs du Parnasse — ou du fleuve Permesse, dont la source sortait de terre au pied de l'Hélicon.

Les Muses étaient au nombre de neuf et présidaient, sans attributions bien distinctes à l'origine, à tous les arts de l'intelligence. Ce n'est que beaucoup plus tard, vers le XVIIe siècle, qu'on les a en quelque sorte et définitivement spécialisées, en ayant égard, autant que possible, à la signification de leurs noms grecs.

Clio, — ou la Renommée, — est la muse de l'Histoire. On la représente tenant de la main gauche un livre qui a pour titre *Thucydide*, nom d'un historien grec (ve siècle avant J.-C.).

Euterpe, — la Charmeuse, — est la muse de la Musique. On la représente debout, avec deux flûtes dans la main droite.

Thalie, — Fleur de gaieté, — est la muse de la Comédie. On la reconnaît aisément au masque grimaçant qu'elle tient à la main ou dont elle est coiffée.

Melpomène, — la Chantante, — est la muse de la Tragédie. Elle tient généralement dans une main le masque tragique d'Hercule.

Terpsichore, — qui aime les chœurs, — est la muse de la danse.

Érato, — l'Amoureuse, — est la muse de la poésie lyrique passionnée.

Terpsichore et Érato ont toutes deux une lyre à la main, mais Terpsichore est presque toujours assise, Érato presque toujours debout, comme prête à danser et animée d'un mouvement passionné.

L. Guttenbrunn, pinx.   Bartolozzi, sculp.

Apollon et les Muses.

Polymnie ou **Polyhymnie**, — la muse aux hymnes nombreux, — n'a pas de fonction bien définie. Elle se confond presque avec Mnémosyne, déesse de la mémoire, et se reconnaît surtout à sa tenue méditative.

Uranie, — la Céleste, — est la muse de l'Astronomie. Elle tient un globe dans la main.

Calliope, — au bel aspect, — la plus majestueuse et la plus puissante des *Neuf sœurs*, est la muse de la poésie héroïque et de la grande éloquence. C'est à elle que les poètes s'adressent de préférence pour obtenir l'inspiration. On la représente ordinairement avec une trompette dans une main et un poème épique dans l'autre.

Quand les Muses se promenaient en chœur, Apollon *Musagète* — conducteur des Muses — la tête ceinte de laurier et la lyre en main, ouvrait la marche et conduisait le cortège.

Diane ; en grec, *Artémis.*

Sœur jumelle d'Apollon qui est la divinité solaire, Diane est la divinité lunaire. Comme il est Phébus, le *brillant*, elle est Phébé, la *brillante*. Elle est la déesse de la pure lumière, à qui les malheurs de sa mère ont inspiré le dégoût du mariage : elle a fait vœu de chasteté, et elle impose la même loi à ses prêtres, à ses prêtresses, à ses nymphes ; toute infraction est par elle implacablement punie. Elle se plaît parmi les beautés sauvages de la nature agreste, elle aime les mœurs pures et simples : son séjour préféré est l'Arcadie, pays de bergers et de cultivateurs. Elle favorise les uns et les autres, et la céleste Phébé est adorée sur terre sous le nom de Diane. Toujours par monts et par vaux, escortée de ses nymphes et précédée de sa meute, elle poursuit les bêtes sauvages et les perce de ses traits. Puis, pour se reposer, elle conduit, en compagnie de son frère, le chœur chantant des Muses et se joint à leurs danses. — Du reste, cette fière déesse est vindicative et parfois cruelle à l'égard de ceux qui ont provoqué ses resentiments. Alors elle est redoutée sous le nom d'Hécate, *celle qui frappe de loin*, la triple Hécate, comme l'on dit encore par allusion aux trois phases de la lune. Ce n'est plus l'astre pur et lumineux au milieu d'un ciel étoilé : c'est la lune rougeâtre qui se cache derrière les sombres nuées et qui, se dévoilant soudain, frappe de terreur les mortels. On la représente avec trois têtes d'animaux, cheval, laie et chien, ou taureau, chien et lion. Elle est la déesse des carrefours, la *Trivia*, la déesse des magiciennes et des enchantements, des épouvantements nocturnes. C'est elle qui, en Tauride, réclame des sacrifices humains (1) et qu'on retrouve enfin jusque dans le royaume des Enfers.

Diane de Versailles (Louvre).
On dit généralement : *Diane à la biche*, ou : *Diane chasseresse*.

Le temple le plus célèbre de Diane était celui d'Éphèse, en Ionie, l'une des sept merveilles du monde. C'est ce temple que brûla, le jour même de la naissance d'Alexan-

(1) Voir les *Pélopides*, p. 191.

dre le Grand, un fou nommé Érostrate, qui voulait faire passer son nom à la postérité. Les plus belles fêtes en l'honneur de la déesse se célébraient dans l'île de Délos.

Le lundi — *jour de la lune* — lui était consacré.

Mars ; en grec, *Arès.*

Mars est le fils de Jupiter et de Junon. On dit aussi que Junon le mit au monde après avoir simplement respiré, sur le conseil de Flore, déesse du printemps, une fleur qui croissait dans les champs de l'Achaïe.

Mars, dieu de la guerre, dieu sauvage et violent, se plaît dans les régions septentrionales de la Grèce, dans la rude Thrace, d'où viennent les orages et dont il fait son séjour habituel. Il aime les combats et les mêlées sanglantes ; il ne se contente pas, comme les autres divinités, de prendre parti pour tel ou tel : monté sur un char rapide, il est le plus furieux des combattants ; sa voix est plus éclatante que celle de 10 000 hommes, et près de lui, Bellone, sa sœur ou sa femme, les cheveux épars et le feu dans les yeux, fait éclater dans l'air son fouet ensanglanté. La terreur les accompagne et le carnage les suit.

Les Grecs n'ont jamais aimé ni honoré ce dieu féroce et inintelligent, odieux aux divinités mêmes, et dont le caractère brutal répugnait à leurs instincts de peuple artiste. Par contre, les Romains en ont fait un de leurs plus grands dieux, leur dieu national, père de Romulus et de Rémus. Il avait, dès le règne de Numa, son culte, ses autels, son collège de prêtres patriciens, les *Saliens*, préposés à la garde des douze boucliers sacrés, ou *anciles*, dont l'un était tombé, disait-on, des hauteurs lointaines du ciel : pour qu'on ne pût le ravir, on en avait fabriqué onze autres semblables. Ce dieu présidait aux jeux guerriers du Champ de Mars. On l'invoquait au moment

Mars.
(D'après une gravure du Cabinet des Estampes.)

des batailles et on lui offrait un sacrifice après la victoire :

non pas qu'il la remportât toujours, bien différent en
cela d'Apollon, le beau dieu toujours vainqueur.

Le loup, animal féroce et batailleur, lui était consacré.
Les anciens Sabins l'adoraient sous l'effigie d'une lance
et sous le nom de *Quirinus* (le vieux mot *quiris* signifiait
lance) : d'où le nom de Quirinus donné plus tard à
Romulus son fils, et celui de *Quirites* qui désignait les
citoyens romains. Quant au premier mois de l'année
romaine, s'il portait le nom de Mars, c'est que, primitivement, Mars, dieu des orages fécondants, avait été considéré comme le dieu protecteur de la culture et du
labourage.

Le mardi — *jour de Mars* — lui était consacré.

On ne saurait passer sous silence les amours légendaires de
Mars et de Vénus. Ces deux divinités se voyaient fréquemment,
mais pour éviter que Phébus, à son lever, ne les surprît
ensemble, Mars avait posté en sentinelle Alectryon, son favori.
Un beau matin Alectryon s'assoupit, et Phébus, apercevant le
couple, s'en fut prévenir Vulcain, l'époux de Vénus, qui jeta
sur les amants un filet aux mailles solides mais invisibles, et
fit venir tous les dieux de l'Olympe pour les rendre témoins
de la confusion des deux coupables. Mars, furieux, changea
en coq son favori, qui, depuis ce jour-là, guette et annonce
invariablement l'arrivée du dieu solaire.

Vénus ; en grec, *Aphrodite*.

Vénus naquit de cette partie du sang d'Uranus qui
tomba dans les flots quand le Titan eut été mutilé par
Saturne, son fils (1). Elle sortit, blanche et rose, de
l'écume teintée de sang, et Zéphyre, la recueillant dans
une conque de perle, la poussa jusqu'à l'île de Chypre,
la remit entre les mains des *Heures*, divinités bienfai-

(1) Voir *Les Origines*, p. 3.

Vénus.
(D'après une gravure du Cabinet des Estampes.)

santes et printanières, qui d'abord prirent soin de l'instruire et la conduisirent ensuite dans l'Olympe. Les dieux, transportés d'admiration, la proclamèrent déesse de la beauté, déesse de tout ce qui plaît, de tout ce qui charme, et Jupiter, pour récompenser le divin ouvrier auquel il devait ses foudres, son trône et son palais étincelant, la donna pour épouse à Vulcain. Elle portait une ceinture merveilleuse où étaient renfermés les attraits et toutes les séductions de la jeunesse : quiconque la portait à son tour participait à ces mêmes avantages. Mère aimable des Amours, des Jeux, des Grâces et des Ris, Vénus a quelquefois aussi l'humeur vindicative et la vengeance impitoyable : elle punit qui la dédaigne, et *Cupidon* ou Éros, le fils qu'elle eut du dieu Mars, n'est ni moins aimable ni moins cruel que sa mère (1). Jupiter voulait détruire l'enfant à sa naissance, prévoyant tous les maux que causerait le futur dieu de l'amour, mais sa mère le cacha dans les forêts où il fut nourri du lait des bêtes féroces. Depuis lors, ce dieu puissant et toujours jeune ne se plaît qu'à percer de ses flèches le cœur des mortels, et sa terrible mère, achevant l'ouvrage de son fils, met le désordre de la passion où régnait la sérénité de l'âme.

Il n'y a pas de divinité dont le culte ait été plus répandu que celui de Vénus dans la Grèce et dans l'Italie. A Paphos, à Cnide, à Cythère, à Lesbos, partout on l'adore, partout on lui voue des temples et des statues. Le plus souvent on n'offrait sur ses autels que de l'encens et des parfums; quelquefois on lui sacrifiait un lièvre, un bouc, un porc. On lui consacrait la rose, la pomme et la gre-

(1) Il ne faut pas confondre cet Éros avec celui des Origines : on le désigne d'ailleurs plus fréquemment sous le nom de Cupidon.

nade, le myrte, le cygne, le moineau et surtout la colombe. Le vendredi était le *jour de Vénus*.

Les Grâces.

Filles de Vénus et de Jupiter, les trois Grâces, *Aglaé*, la brillante, *Thalie*, la verdoyante, et *Euphrosyne*, la joie de l'âme, avaient pour fonctions de présider aux doux propos et à la bonne humeur, aux bienfaits et à la reconnaissance, à l'aimable gaieté des festins, à l'eurythmie des fêtes, à tout ce qui est radieux et attrayant. C'est elles qui répandaient sur le corps harmonieux de leur divine mère ce je ne sais quoi plus séduisant encore que la beauté, c'est elles qui mettaient sous le pinceau du peintre et le ciseau du sculpteur la ligne flexible et moelleuse qui charme le regard, et sur les lèvres de l'orateur, dans ses gestes et ses manières, cette persuasion et cette élégance dont l'auditeur est tout ensemble pénétré et ravi. Leur culte était particulièrement répandu chez les Grecs, qui juraient par elles et ouvraient leurs repas par un toast en leur honneur. Déesses de la sociabilité, elles avaient le plus fréquemment leurs temples sur les places publiques. Il y avait à Élis, ville du Péloponèse, un groupe des Trois Grâces, où leurs images, faites de bois taillé, avec des têtes, des mains et des pieds de marbre blanc, étaient revêtues d'une robe d'or : l'une des déesses tenait une rose, l'autre un dé à jouer, la troisième une branche de myrte. On les unissait souvent aux Heures (1), et très souvent aussi à quelque autre divinité. Et, en vérité, il n'y a rien de plus charmant que cette conception d'une race affinée, délicate et, pour tout dire, gracieuse. Rome ne semble pas avoir jamais sacrifié à ces déesses.

(1) Voir *Les Heures*, p. 41.

Les trois Grâces.

Mercure ; en grec, *Hermès*.

Mercure, fils de Jupiter et de Maïa, la fille du géant
Atlas, est avant tout le dieu du crépuscule, et c'est de là
que découlent tous ses attributs. — Comme dieu du matin,
il annonce l'arrivée de Phébus, de Jupiter, dieu du jour
par excellence ; il est donc, d'une façon générale, le
messager des dieux, l'intermédiaire entre eux et les
mortels. Il leur prête ses offices dans toutes leurs affaires, célestes ou non, honnêtes ou indélicates : il est mêlé
à leur vie intime ou mondiale plus qu'aucune autre divinité. — Ce dieu du matin est le symbole de l'activité et de
l'industrie humaine : il est le dieu du commerce et le
créateur des langues, qui établissent les relations entre
les hommes ; il est le dieu de l'éloquence et des voyageurs : les routes lui sont consacrées, et, à tous les carrefours, une pierre est fichée dans le sol, surmontée de
têtes d'Hermès dont chacune regarde une des voies qui
y aboutissent. Les campagnes, qu'il parcourt incessamment, sont placées sous sa protection : les bergers lui
vouent un culte, et l'art plastique le représente quelquefois avec un bélier sur les épaules. C'est lui qui invente
la lyre primitive, faite avec la carapace d'une tortue ; il
protège les arts, il introduit chez les peuples et leur
enseigne tous les exercices qui ont pour effet de déve-
lopper la souplesse, la grâce et la beauté du corps. —
Comme dieu du soir, il est le dieu des voleurs qui attendent la nuit pour accomplir leurs mauvais desseins ; et
il est le dieu qui fait sortir les âmes des corps mortels
qu'elles vont abandonner et qui les conduit — dieu
psychopompe — aux sombres demeures des Enfers,
comme il les ramène parfois aussi des ténèbres à la
lumière du jour. Dieu et coureur infatigable, il a

des ailes aux talons, aux épaules, au pétase, — sorte de coiffure à fond bas et à larges bords à l'usage des voyageurs, — au caducée, baguette magique qu'il tient presque toujours à la main : ayant un jour aperçu deux serpents qui se battaient, il mit entre eux son bâton, et les reptiles s'y entrelaçant demeurèrent paisibles ; le caducée devint ainsi un symbole de paix.

Si utile qu'eût été Mercure aux divinités, et spécialement à Jupiter, il leur joua de si vilains tours, volant, dès le lendemain de sa naissance, à l'un son trident, à l'autre sa ceinture, à celui-ci son épée, à celui-là ses outils de forgeron, qu'à la fin Jupiter le chassa du ciel. Mercure s'en fut rejoindre Apollon, alors en disgrâce lui-même, mais il ne put s'empêcher de retomber dans son vice favori : il déroba au dieu ses troupeaux (1), qu'à la fin pourtant il consentit à échanger contre sa lyre.

Mercure.
Statuette en bronze, par Rude.

Le culte de Mercure présentait cette particularité

(1) Voir *Apollon*, p. 19.

H. Aubert. *Lég. myth.*   3

qu'on lui offrait les langues des victimes (veaux ou coqs), symboles de l'éloquence. Il était spécialement honoré en Crète, pays de commerce, et sur le mont Cyllène, en Arcadie, où on le croyait né.

Le mercredi — *jour de Mercure* — lui était consacré.

Vulcain ; en grec, *Héphaistos.*

Fils de Jupiter et de Junon, Vulcain, le dieu du feu, image de l'éclair zigzagant et de la flamme vacillante, naquit boiteux (1). Sa mère le trouva si laid et si difforme qu'elle le précipita sur le monde terrestre : il y tomba, suivant les uns, dans l'île de Lemnos, — suivant les autres, dans la mer, où Thétis, fille de Nérée et petite-fille de l'Océan, le reçut et l'entoura de soins durant neuf années. Au bout de ce temps, et grâce au crédit de Bacchus, Vulcain fut rappelé dans l'Olympe où Jupiter lui fit épouser par la suite la déesse même de la beauté (2).

Vulcain est un dieu naturellement débonnaire et officieux, toujours disposé à rendre service : à l'époque où la jeune Hébé avait résigné ses fonctions (3), et en attendant que quelque autre la remplaçât, il s'était offert à verser le nectar à la ronde à la table des dieux ; c'est alors que sa démarche claudicante souleva parmi les Olympiens ce rire inextinguible dont parle Homère. Il est le plus laborieux de tous les Immortels, et aussi le plus industrieux : il a son atelier dans le ciel même, et il y a forgé de ses mains le char du Soleil, le bouclier d'Achille, le trône et le sceptre de Jupiter, toute la Cité olympique, faite d'acier solide et d'airain. Plus tard, les fournaises du dieu seront transportées à Lemnos, puis sous

(1) Sur la claudication du dieu, voir, page 9, une autre légende.
(2) Voir *Vénus*, p. 2).
(3) Voir *Hébé et Ganymède*, p. 256.

Vulcain.

L'atelier de Vulcain.

l'Etna, où, avec l'aide des Cyclopes, il fabriquera toutes
sortes de bijoux pour les déesses et d'objets utiles pour
les dieux et pour les mortels (1). Car il aime l'humanité :
c'est lui qui enseigne aux humains à façonner les
métaux, le fer, l'airain, l'argent et l'or, et ensuite à produire des œuvres d'art ; il peut même donner la vie aux
statues qu'il fabrique : témoin cette étincelle du feu divin
qui devient l'âme de Pandore, la première femme (2).

Les sacrifices que l'on offrait à Vulcain étaient proprement des holocaustes : la victime tout entière y était
consumée par le feu. Ses fêtes se célébraient au mois
d'août, au moment de la canicule. Les Athéniens avaient
institué en son honneur des courses appelées *Lampado-
phories*, dans lesquelles les coureurs, soit à pied, soit à
cheval, devaient atteindre au galop le but proposé en
portant une torche à la main. Quiconque atteignait le
but sans qu'elle s'éteignît recevait un prix ; dans le cas
contraire, il passait la torche à un autre et se retirait.
Ces fêtes se donnaient également en l'honneur de
Minerve et de Prométhée, qui étaient, comme Vulcain,
des divinités du feu.

Vesta.

Vesta, fille aînée de Saturne et de Rhéa (3), préside au
feu que l'on entretient dans chaque demeure particulière
comme à celui qui brûle dans le prytanée (4) de chaque
ville. Lorsque son père, qui l'avait avalée, l'eut rendue
grâce au vomitif que lui administra Jupiter (5), elle
refusa d'épouser aucun des dieux et fit le serment de

(1) Voir *Cyclopes*, p. 246.
(2) Voir *Prométhée*, p. 87.
(3) Voir *Les Origines*, p. 4.
(4) On appelait alors *prytanée* ce que nous appelons aujourd'hui
la maison commune.
(5) Voir *Saturne*, p. 4.

rester toujours vierge. Personnification du foyer, dont elle symbolise la concorde et la fixité, elle veille sur tous les détails de la vie domestique, sur le bien-être des familles et des citoyens réunis; elle a sa place et son autel au milieu de la maison et de la cité. C'est elle que l'on invoque la première et la dernière dans tous les sacrifices, et les cérémonies religieuses, publiques ou privées, commencent toujours par une libation en son honneur. Elle protège les suppliants et les hôtes, et on l'invoque dans les serments. Son culte, fort répandu, ne donna cependant pas lieu à l'érection d'un grand nombre d'édifices Il avait à Rome une célébrité particulière, un grand prêtre, et des prêtresses qui portaient le nom de *Vestales*. Le roi Numa avait construit pour la déesse un temple ayant la forme d'un globe, image de l'univers, et dont le toit était, à l'origine, couvert de roseaux. — C'est là que brûlait le feu sacré dont l'extinction eût été regardée comme une calamité publique. Si, du reste, il venait à s'éteindre, on ne devait le rallumer qu'aux rayons du soleil à l'aide d'un miroir ardent. — Les statues de Vesta n'étaient pas non plus très nombreuses, car on l'adorait primitivement sous le symbole du feu allumé sur l'autel. A Rome même, où l'on disait que son image avait été apportée de Troie par Énée, personne ne la connaissait, à l'exception du grand prêtre et des Vestales, confondue qu'elle était parmi celles des dieux pénates de la ville.

Les Vestales, choisies entre six et dix ans, devaient être de naissance libre et sans défaut corporel. Remises au grand prêtre, elles faisaient vœu de chasteté et recevaient la charge de veiller à ce que le feu sacré ne s'éteignît pas. Si elles le laissaient s'éteindre, elles étaient punies du fouet; si elles violaient leur vœu, elles

Vesta.
(Do Pupius Firminus.)

étaient enterrées vivantes. La durée de leurs fonctions
était de 20 à 30 années; après quoi, elles avaient la
liberté de renoncer au sacerdoce et même de contracter
mariage. Les Vestales, en raison de la sainteté du culte
qui leur était confié, jouissaient d'une grande considération et de privilèges particuliers : elles marchaient,
dans les cérémonies publiques, précédées de licteurs
portant des faisceaux; si l'une d'elles, sortant dans la
rue, venait à rencontrer *par hasard* un criminel que l'on
menait au supplice, elle lui sauvait la vie du seul fait de
la rencontre; elles avaient le droit de tester du vivant de
leur père et de disposer de tout ce qu'elles possédaient,
— chose extraordinaire chez un peuple où les femmes
demeuraient toujours en tutelle.

L'ordre des Vestales subsista onze cents ans, et, durant
cette longue période, vingt Vestales seulement furent
enterrées vives.

Thémis.

Fille de la Terre et du Ciel, Thémis épousa Jupiter, dont
elle eut les *Heures* et les *Parques*. Assise auprès du trône
de son royal époux, elle est la personnification de la
Justice, des usages et des lois. Elle assiste aux délibéra-
tions des dieux, qu'elle aide de ses conseils, et préside
les assemblées des mortels. L'observation des traités est
mise sous sa protection. — On la représente avec une
balance et une épée dans les mains, quelquefois les yeux
recouverts d'un bandeau pour rappeler l'impartialité qui
convient au juge.

Les Heures.

Les Heures sont les filles de Jupiter et de Thémis.
Déesses des saisons et de la température, elles sont

essentiellement subordonnées à Jupiter et à Junon, souverains maîtres des phénomènes atmosphériques. Ce sont elles qui ouvrent et qui ferment les portes du ciel pour faire sortir ou rentrer les nuages qui versent sur la terre une pluie bienfaisante. Elles président aux changements des saisons, à la floraison, et à la maturité des fruits. Veillant sur la croissance des choses, elles étaient naturellement regardées comme les protectrices de la jeunesse : aussi les voit-on donner les premiers soins à Bacchus et à Mercure encore enfants. De même enfin qu'elles président à la succession invariable des saisons, à l'heureuse température et à la floraison, de même elles président à la marche régulière des lois, aux bonnes mœurs et à la paix.

Il n'y avait primitivement que trois Heures : le Printemps, l'Été, l'Hiver. On y ajouta ensuite l'Automne, et l'on porta plus tard leur nombre jusqu'à douze, quand les Grecs eurent partagé le jour en douze parties égales. Douées d'une jeunesse éternelle et d'une ravissante beauté, leur chevelure exhalant de suaves parfums, *les douze Sœurs* mesurent aux mortels la chaîne des Heures tout en formant avec les Grâces, Hébé et Vénus, des chœurs de danse rythmés par le chant mélodieux des Muses.

On leur offrait les prémices des fruits de chaque saison, mais leur culte tout aimable et gracieux se localisa dans la Grèce, et Rome ne le connut jamais.

Les Parques.

Non loin du séjour des Heures, dans le vaste Olympe, résident les trois Parques, filles de Jupiter et de Thémis, veillant tout à la fois sur l'harmonie du monde et sur le

sort des mortels. Près d'elles s'étalent les tables d'airain
où sont gravées les destinées immuables des êtres et des
choses (1) : car non seulement les hommes, mais tout ce
qui a l'existence leur est soumis. Elles connaissent la mesure de tout, président à toute origine et à toute naissance,
puis, quand l'heure fatale est arrivée, elles tranchent
impitoyablement la durée de la vie. On les appelle *les
Filandières*, parce qu'elles filent, à ce que l'on assure,
des fils d'or et de soie pour les existences longues et
heureuses, de laine noire pour celles qui doivent être
courtes et infortunées, de laine blanche et noire pour
les vies mêlées de bonheur et de peines. Clotho, la fileuse,
tient l'immense quenouille qui descend des hauteurs du
ciel jusque sur la terre; Lachésis dispense le sort et
charge le fuseau; Atropos, armée de ses inflexibles
ciseaux, tranche le fil. L'une est couronnée d'étoiles et
vêtue d'une robe bleu ciel; l'autre est vêtue de rose, et
les étoiles brillent encore sur sa robe; la troisième, la
plus âgée des trois sœurs, est couverte de vêtements
noirs et lugubres. — On les représente aussi sous la
forme de vieilles femmes au visage sévère : sur la tête
elles portent des couronnes, symbole de leur pouvoir,
mais des couronnes faites de gros flocons de laine entre-
mêlés de narcisses. On leur immolait des brebis noires,
comme aux Furies.

Iris.

Iris est une divinité aussi vieille que les plus anciens
dieux : son père, Thaumas, était fils de la Terre et de
la Mer, et sa mère Électre, fille de l'Océan et de Téthys.

(1) Voir *Les Origines*, p. 3.

Messagère des dieux, mais plus spécialement de Jupiter, et, plus encore, de Junon, cette agile déesse porte aux mortels les volontés d'en haut et se glisse même sous les vagues profondes pour communiquer avec les dieux marins. D'ailleurs elle ne se borne pas à remplir machinalement la mission dont elle est chargée : elle aide de ses conseils et de sa protection ceux avec qui elle se trouve en rapport. — Dans l'Olympe, c'est elle qui prépare la couche du maître des dieux et de sa royale épouse, le bain et la toilette de Junon qui a pour elle une affection sans bornes, car elle en reçoit des soins toujours attentifs, et Iris n'apporte jamais à sa maîtresse que d'agréables nouvelles.

Une de ses fonctions les plus importantes est de couper sur la tête des hommes et des femmes, puis de porter à Proserpine le cheveu fatal auquel leur vie est attachée, quand, par le suicide, ils avancent volontairement l'heure marquée par le Destin. Dans les circonstances ordinaires, c'est Proserpine elle-même qui remplissait cet office, mais, lorsque la mort survenait avant qu'elle s'en doutât, cette déesse n'eût point admis dans son royaume l'ombre trop pressée du défunt, si, pour la faire agréer de son époux, elle n'eût pu lui présenter le cheveu qui, selon la croyance populaire, lui était consacré (1).

Déesse vierge et aérienne, Iris, portant sur les épaules des ailes brillantes de toutes les couleurs, glisse invisiblement sur l'arc-en-ciel qui fait communiquer l'Olympe et la Terre. On disait encore que

(1) Les personnes destinées à la mort étaient considérées comme des victimes consacrées à Pluton. Or, avant de frapper une victime, on avait coutume de lui couper un des poils sur le devant de la tête.

ce bel arc est le bandeau qui retient sa chevelure,

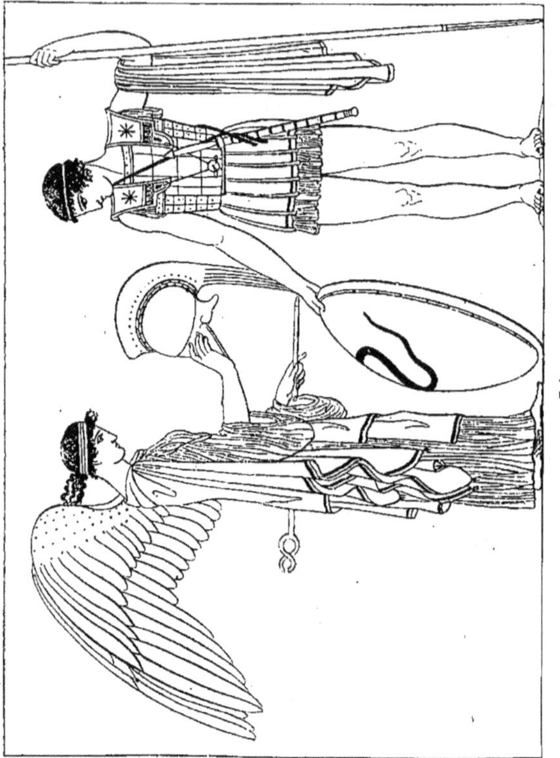

Iris.

(D'après une gravure du Cabinet des Estampes).

ou la trace merveilleuse de ses pas, ou enfin la déesse
elle-même.

II. — **LA TERRE. LA MER. L'AIR**.

A. — La Terre.

Cérès ; en grec, *Déméter*.

Cérès, fille de Saturne et de Rhéa ou Cybèle, est la
déesse de la terre cultivée, par conséquent de l'agriculture. D'un fils de Jupiter elle eut Plutus, dieu des
richesses et symbole des biens que donne la terre quand
on la travaille. Ce dieu, que l'on représente sous la
forme d'un vieillard aveugle, avait, dans son enfance,
une très bonne vue, mais ayant déclaré qu'il ne voulait
favoriser que les honnêtes gens, il fut frappé de cécité
par Jupiter lui-même : le maître des dieux pensait que
la vertu serait trop bien traitée si, par surcroît, elle
avait le privilège de la fortune. Depuis ce jour le vieillard est circonvenu par les méchants, qui s'enrichissent
aux dépens des bons.

De Jupiter, son frère, Cérès eut pour fille Proserpine,
que l'on désigne encore sous les noms de Perséphone
ou de Coré. Pluton, le dieu des Enfers, ne trouvant
aucune déesse qui consentît à l'épouser et à vivre avec
lui dans les demeures souterraines, se résolut à enlever
sa nièce de vive force. Un jour qu'elle jouait en compagnie des Nymphes, cueillant des fleurs dans une vallée
voisine de l'Etna, la croûte de la terre s'entr'ouvrit avec
fracas et donna passage au char fumeux de Pluton.
Épouvantées, les Nymphes s'enfuient au hasard, mais
le dieu, s'emparant de Proserpine, l'emporte dans ses
bras puissants, et la terre se referme sur eux.

A cette nouvelle, l'affliction de la mère fut navrante.

Folle de douleur, elle abandonne l'Olympe et court le

Cérès.

Cérès d'après une peinture antique (Pompéi) décrite dans le
Real Museo Borbonico (Naples).

monde, un flambeau à la main pour éclairer ses pas

pendant la nuit, demandant à tous ceux qu'elle rencontre
des nouvelles de sa fille, et aux dieux qui se taisent le
nom du ravisseur. Elle passe en Attique, où le roi
d'Éleusis la reçoit avec tant de bienveillance qu'elle
enseigne au jeune Triptolème, son fils, le grand art
de labourer la terre. Elle passe en Lycie, où des paysans
pleins de malveillance troublent l'eau vive dont elle veut

Cérès et Proserpine ou Déméter et Coré.
Fragments du Fronton oriental du Parthénon sculptés par Phidias. Ces fragments
se trouvent actuellement au Musée Britannique de Londres.

se désaltérer : la déesse irritée les change en grenouilles.
Enfin, après de longues et vaines recherches, elle
revient en Sicile, toujours éplorée, toujours gémissante.
Alors la nymphe Aréthuse, émue de son désespoir incon-
solable, eut pitié de la déesse, et, venant à elle, lui
révéla discrètement que sa fille lui avait été ravie par
Pluton. Cérès porta aussitôt sa plainte à Jupiter, et le

souverain, touché à son tour de l'état déplorable où il voyait la pauvre mère, décida que Proserpine lui serait rendue si elle n'avait encore pris aucune nourriture dans les Enfers. Malheureusement la nouvelle épouse de Pluton

Enlèvement de Proserpine.
(D'après une gravure du Cabinet des Estampes.)

avait déjà mangé six grains de grenade : il fallut transiger, et l'on convint que désormais Proserpine passerait chaque année six mois dans le sombre royaume et six mois sur la terre.

Cette gracieuse allégorie est manifestement l'histoire du grain de blé qui, après avoir grandi dans les champs pendant l'été, se cache à l'automne sous la terre où il passe les durs mois de la froide saison, pour reparaître au printemps sous la forme du blé en herbe.

Les Thesmophories. — Il existait deux sortes de fêtes en l'honneur de Cérès : les *Thesmophories* et les *Éleusinies*. — Les Thesmophories, dont le nom vient de Cérès Thesmophore, c'est-à-dire législatrice (1), se célébraient au mois de novembre après les semailles et tout le travail de l'année. On immolait des porcs, à cause des dégâts que font ces animaux parmi les biens de la terre. Beaucoup de guirlandes, mais pas de fleurs, car c'était en cueillant des fleurs que Proserpine avait été ravie à sa mère. Le pavot seul était consacré à la déesse, parce qu'il croît au milieu des blés et que Cérès en avait mangé, disait-on, pour calmer sa douleur. Ce jour-là, les dames romaines se revêtaient de blanc.

Les Éleusinies. — Les Éleusinies, qui passèrent d'Éleusis et du sud de la Grèce jusqu'à Rome, avaient une célébrité incomparable. Les petites Éleusinies célébraient au printemps le retour de Proserpine ; les grandes Éleusinies, à la fin de septembre, commémoraient son départ, et sa descente aux Enfers. Ces fêtes recevaient le nom de *mystères*, et les grandes familles d'Athènes y étaient initiées dès le berceau : le silence en était la loi, de telle sorte que l'on ne sait au juste ce qui se passait dans ces cérémonies secrètes en l'honneur de la *Mère puissante*. On sait pourtant qu'elles avaient un caractère mystique et que l'on y faisait espérer aux initiés une félicité sans bornes.

(1) Cérès avait institué le mariage, fondant ainsi la société civile.

H. AUBERT. *Lég. myth.*   4

Bacchus en grec, *Dionysos.*

Dionysos, le dieu du vin, est fils de Jupiter et de Sémélé, princesse thébaine et fille de Cadmus. Sémélé ne connut jamais son fils : elle mourut avant même de l'avoir mis au monde, victime de Junon et de sa propre curiosité. Et en effet, l'épouse de Jupiter, jalouse de sa rivale terrestre, lui avait conseillé, en empruntant les traits de Béroé, sa nourrice, de supplier le souverain maître de l'Olympe de lui donner une preuve de sa royauté céleste et de se montrer à elle dans tout l'éclat de sa majesté. En vain le dieu avait-il essayé de faire revenir son amante d'un désir aussi dangereux et insensé : lié par le serment qu'il avait fait d'accéder à sa demande, il dut se présenter à la princesse avec tout l'appareil de sa gloire, au milieu de la foudre et des éclairs. Et alors le palais fut soudainement embrasé, Sémélé réduite en cendres, et le jeune Bacchus recueilli par Jupiter, qui l'enferma dans sa propre cuisse en attendant l'heure de le produire au jour. — Bacchus, mis au monde par une divinité, a donc vraiment rang de dieu.

Il fut élevé par les Heures (1) et par les Nymphes, loin de l'Olympe et de Junon, à Nysa, ville de l'Inde, où il reçut ensuite l'enseignement de Silène et des Muses. Silène, que l'on a coutume de nommer son père nourricier, était fils de Mercure ou de Pan, et d'une Nymphe ou de la Terre. Laid, court, chauve, camus et ventru, presque toujours ivre — qu'il fût à âne, écrasant sa monture, ou à pied et chancelant, appuyé sur un thyrse (2)

(1) Voir les *Heures*, p. 39 et 41.
(2) Le *thyrse* était une pique entourée de pampre, de raisin et de lierre, avec une pomme de pin à la pointe.

ou sur les épaules des satyres — ce vieillard voluptueux
était, dans ses moments de lucidité, un grand sage et un
grand philosophe. Il fut le compagnon fidèle de son
divin élève qu'il suivit dans ses voyages et dans ses
conquêtes. Car Bacchus parcourut tous les pays compris
entre l'Inde et la Grèce, et passa même par l'Égypte.
Suivi d'un nombreux cortège d'hommes et de femmes

Enfance de Bacchus.
(D'après une gravure du Cabinet des Estampes.)

armés de thyrses et frappant sur des tambours,
accompagné de ses Nymphes, des Satyres et du dieu Pan,
il allait devant lui, vainqueur triomphant et gai, soumet-
tant à son empire toutes les nations et leur apprenant
l'usage et la culture de la vigne. Malheur à qui ne voulait
pas reconnaître sa puissance et sa divinité ! Un roi de
Thèbes, Penthée, fut mis en pièces par sa propre mère

et ses tantes pour avoir refusé de prendre part aux orgies qui se célébraient en son honneur. Un roi de Thrace, Lycurgue, fut frappé de cécité pour avoir tenté de s'opposer aux mystères des Bacchantes, ou Ménades (1). — Les trois filles de Minée, roi d'Orchomène, en Béotie, n'ayant voulu quitter ni leurs navettes ni leurs fuseaux par mépris d'un culte qui leur paraissait extravagant, se virent métamorphosées en chauves-souris.

Ainsi le dieu savait exercer en tous lieux sa force et sa royauté souveraine.

Et c'est pourquoi on le représente quelquefois avec des cornes ou même sous la forme d'un taureau; — mais le plus souvent, il est vrai, comme un beau et tendre jeune homme, couronné de vigne ou de lierre, ses longs cheveux tombant en boucles éparses sur ses épaules de vierge. Ce type efféminé est particulièrement le Bacchus asiatique, le dieu des orgies, des désordres occasionnés par le vin, et c'est aussi le dieu des Romains qui, sous le nom de *Bacchanales*, instituèrent des cérémonies pleines de scandales et de crimes. Le Bacchus grec, surtout celui de l'Attique, où se développèrent, plus qu'ailleurs, la légende et le culte du dieu, était, du moins à l'origine, incomparablement plus pur et plus noble. C'est des *grandes Dionysies* — fêtes en l'honneur de Dionysos — que sortit d'abord, vers le viie siècle avant J.-C., le *dithyrambe*, poésie enthousiaste qui célébrait les louanges du dieu vainqueur. Plus tard, à la faveur d'une représentation scénique où ses hauts faits étaient mis en action, apparut la tragédie, *le chant du bouc*,

(1) Le mot grec *Ménades* veut dire *furieuses :* et, en effet, les Bacchantes occupées à célébrer les mystères étaient véritablement en proie aux fureurs de l'ivresse.

pont le nom vient de ce que l'on immolait un bouc au dieu de la vigne, pour punir cet animal des dégâts qu'il commet sur le pampre. La comédie enfin était, elle aussi, sortie, dès le début, du culte attique de Bacchus, car primitivement elle ne fut autre chose que l'échange des quolibets qu'après boire s'adressaient les uns aux autres les convives du banquet qui clôturait la fête. — Et c'est ainsi que Bacchus, le plus jeune et le dernier venu des grands dieux, s'il faut en croire les Grecs, est peut-être celui dont l'action sur le génie de la race hellénique fut la plus féconde. La musique même et la danse, la sculpture et la peinture reçurent de sa légende une vie nouvelle, une sorte de mouvement et de passion jusqu'alors inconnus dans les arts.

Bacchus est parfois désigné sous le nom de *Liber*, parce que le vin libère l'esprit de toute espèce de souci, ou, plus rarement, sous celui d'*Evan*, parce que les Bacchantes, dans leurs orgies, couraient de toutes parts, échevelées, en poussant le cri : *Evohé! Evohé!*

Pan.

On ne connaît rien d'exact concernant la parenté de ce dieu. On sait seulement qu'il vint au monde avec les jambes, les cornes et le poil du bouc, et que Mercure, l'ayant apporté dans l'Olympe, souleva, par ce spectacle étrange, la folle gaieté de *toutes* les divinités. Faut-il voir là l'origine de son nom, qui, en grec, signifie *tout*? On peut y voir aussi une allusion au grand nombre d'attributions que dans le principe on prêtait à ce dieu. Toutefois on le réduisit promptement à n'être plus qu'une divinité pastorale, et particulièrement adorée en Arcadie. Il présidait aux bois et aux pâturages, il protégeait le bétail et

veillait à la fécondité des troupeaux, il assurait la ferti-
lité des ruches et des rivières. — Dieu des chasseurs, il
poursuivait les bêtes fauves tout en guettant les nymphes
derrière les rochers et les buissons. — Dieu musical,
enfin, il inventa la flûte à sept tuyaux. Voici dans
quelles circonstances : Syrinx, nymphe d'Arcadie, se
voyant un jour poursuivie par le dieu, et près d'être
atteinte, supplia le fleuve Ladon, son père, de la changer
en roseaux. En souvenir de son amante, Pan arracha
quelques-unes de ces tiges et en fit la *syrinx*.

Comme la plupart des dieux sylvains, Pan s'amusait à
causer des peurs subites aux voyageurs et surtout à
ceux qui s'égaraient dans les bois. Quand les Gaulois,
sous la conduite de Brennus, traversèrent la Phocide
pour aller piller le temple de Delphes, c'est lui qui les
arrêta en leur causant brusquement une terreur *panique*.
Il avait une voix discordante et faisait partie du cortège
bruyant de Bacchus. Lors de la guerre des Titans, il
avait imaginé de souffler dans de grosses coquilles
éparses sur le rivage, et le son terrible qu'il en tira mit
en fuite les Titans épouvantés : c'est de là que vint, dit-
on, l'usage de la conque. — Une tradition célèbre, men-
tionnée par Plutarque, rapporte qu'un jour, sous le
règne de Tibère, le vaisseau du pilote Thamus se trouvant au milieu des îles de la mer Égée, une grande voix
s'éleva tout à coup, qui, par trois fois, appela Thamus. A
la troisième sommation, Thamus répondit, et alors la voix
mystérieuse lui ordonna, quand il serait arrivé en tel lieu,
de s'écrier de toute sa force : « Le grand Pan est mort ! »
Et Thamus, quand il fut arrivé audit lieu, s'écria de toute
sa force : « Le grand Pan est mort ! » Et l'on entendit de
toutes parts des plaintes et des gémissements. Et non
seulement Thamus, mais tous les matelots qui l'accom-

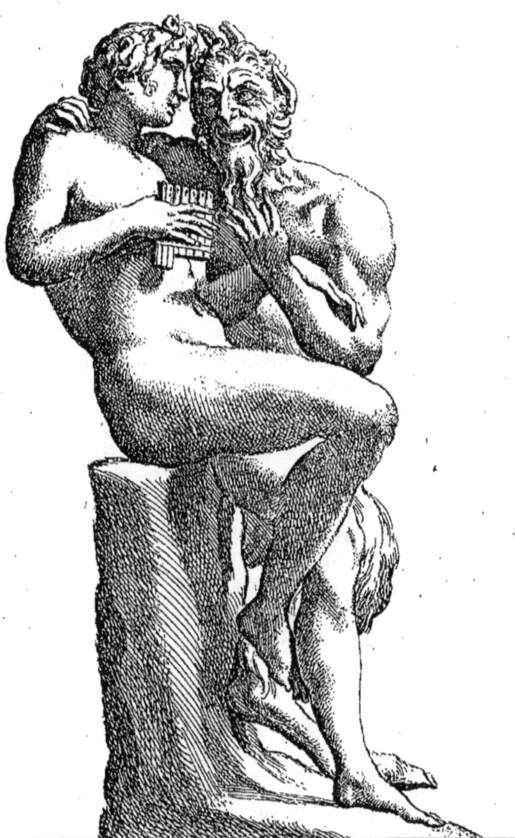

Pan et son disciple.
(D'après une gravure du Cabinet des Estampes.)

pagnaient, ont certifié la vérité de ce fait. Et Rome entière fut en rumeur au récit de cette extraordinaire aventure. Était-ce le vieux monde qui clamait sa fin aux siècles à venir ?...

Parti d'Arcadie, le culte de Pan se répandit dans toute la Grèce, où l'on célébrait en son honneur les fêtes *Lycéennes* — le mont Lycée lui était consacré, — et parvint à Rome où il se confondit avec le culte du dieu Faune. Les Romains le fêtaient dans leurs *Lupercales* (1). On lui offrait des vaches, des boucs, des agneaux, du lait et du miel.

Sous l'empire romain, les philosophes stoïciens firent de Pan un dieu suprême, symbole de la force créatrice de l'univers tout entier.

Égipans.

Le dieu Pan, à cause de ses pieds de bouc ou de chèvre, avait reçu le nom d'*Égipan* (chèvre-pan). On donnait encore ce nom à de petites divinités agrestes, très velues, avec des cornes et des poils de chèvre. Les Égipans bondissaient sur les rochers et sur le flanc des coteaux, se jouaient des voyageurs et des paysans, et se cachaient au fond des grottes.

Satyres. — Silènes.

Les Satyres ressemblaient de tous points aux Égipans, dont ils différaient cependant par une taille moins menue

---

(1) Ce mot est la traduction latine de fêtes *lycéennes;* il contient, comme ce dernier mot, l'idée des *loups* qui fréquentaient les bois de l'Arcadie.

et par un naturel à la fois malicieux et dévergondé : ils étaient la terreur des Nymphes qu'ils poursuivaient en riant de leur effroi. Si mauvaise était leur réputation, que les pâtres cherchaient toujours à se les concilier par les prémices de leurs fruits et de leurs troupeaux.

Quand ils étaient devenus vieux, ils passaient pour s'adonner avec excès à la passion du vin, et on leur donnait le nom de Silènes, par allusion au grossier compagnon de Bacchus. Mais alors, c'en était rapidement fait de leur existence, et ils mouraient comme de simples mortels.

Faunes. — Sylvains.

Les Faunes et les Sylvains étaient des sortes de divinités particulières à l'Italie et fort semblables aux Égipans et aux Satyres des Grecs. Moins laids et moins grossiers que les Satyres, moins brutaux surtout, les Faunes présidaient plus spécialement aux travaux de l'agriculture, et les Sylvains établissaient de préférence leur séjour dans les bois, où ils se plaisaient à épouvanter les voyageurs et donnaient la chasse aux vilains enfants qui s'amusent à casser les branches des arbres.

Faunus, l'ancêtre des Faunes, passait pour un petit-fils de Saturne : il avait, disait-on, contribué à la civilisation du Latium, adoucissant les mœurs de ces peuples nomades et leur donnant des lois et des temples. Sylvain était son propre fils : dieu des forêts, il veillait à l'heureuse croissance des arbres et faisait aussi prospérer le bétail qu'il défendait contre la dent des loups. Faunus et Sylvain aimaient tous deux la musique et la danse. Malgré la distinction que l'on établissait entre leurs descendants, on confondait volontiers les Sylvains et les Faunes, qui, d'ailleurs, tout comme les Satyres, étaient sujets à la vieillesse et à la mort; mais cette mort ne venait pour eux qu'après une très longue vieillesse.

Priape.

Issu de Vénus et de Bacchus, Priape est le dieu qui préside à la fécondation universelle : volontiers on l'eût confondu avec Pan. Divinité grossière et d'une laideur répugnante, Priape ne fut jamais populaire chez les Grecs, où il n'était honoré que des gardeurs de chèvres et de brebis ou des éleveurs d'abeilles. Par contre, il avait chez les Romains, gros propriétaires fonciers, une très grande importance : on lui confiait la garde des vergers et des jardins, et on le dressait en buste sur un socle, avec des cornes de bouc, des oreilles de chèvre, une verge ou une massue entre les bras, et la figure contractée par un affreux rictus grimaçant. Pour ajouter à l'épouvante, on le barbouillait de rouge vermillon, au moyen de cinabre ou de minium.

Terme.

Terme, protecteur des limites et des bornes que l'on met dans les champs, est un dieu tout latin. Quand Tarquin le Superbe voulut bâtir à Jupiter un temple sur le Capitole, on enleva les statues de toutes les divinités qui se trouvaient en ce lieu. Le dieu Terme résista seul à tous les efforts que l'on fit pour le déplacer. On dut le laisser dans le temple même, et le collège des augures en conclut que la stabilité de l'empire serait éternelle.

A l'origine, l'image de ce dieu n'était qu'un bloc de pierre brut; plus tard, on le représenta sous la forme d'un pilier à tête humaine, sans bras ni jambes, — symbole de sa fixité.
On lui offrait du lait, du miel, des fruits et des guirlandes de feuillage et de fleurs.

Nymphes.

Les Nymphes sont des divinités humides et fécondantes de même origine que les Fleuves (1). Filles de Jupiter, elles ont quitté, sous forme de pluies, les demeures célestes où, comme eux, elles sont nées, pour résider désormais sur la

Terme antique.
(Dessin de Pauquet.)

terre. Elles habitent les forêts magnifiques, les sources des cours d'eau, les prairies au gazon verdoyant, elles animent et protègent les arbres, les plantes et

(1) Les fleuves sont très souvent personnifiés : on dit indifféremment le dieu du fleuve Achéloüs, ou le dieu-fleuve Achéloüs, ou même, simplement, le Fleuve Achéloüs. On les représente avec des cornes sur le front, symbole de force.

les êtres. On en comptait jusqu'à trois mille, toutes mortelles, mais la plupart vivaient plusieurs milliers d'années. Elles accompagnaient souvent Diane ou Bacchus, formant des chœurs de danse et veillant sur le sort des humains, mais souvent, aussi, elles restaient dans leurs grottes et s'y occupaient à tisser ou à filer.

Les Nymphes se répartissaient en 3 grandes catégories :

1° **Les Nymphes des eaux**, qui comprenaient les *Océanides* ou nymphes marines (1) ; les *Néréides*, nymphes des mers intérieures (2) ; les *Naïades*, nymphes des fontaines, des rivières et des fleuves. — Douées de la faculté prophétique, les nymphes des eaux étaient l'objet d'une vénération et d'un culte particuliers.

2° **Les Nymphes des montagnes et des vallées**, *Oréades* et *Napées*. Les Oréades se plaisaient aux exercices violents de la course et de la chasse sur le haut des cimes rocheuses ; les Napées, moins hardies, se répandaient sur les pentes des collines, dans les vallons et les prairies.

3° **Les Nymphes des arbres**, ou *Dryades*. Robustes et gracieuses tout à la fois, elles dansaient autour des chênes, qui leur étaient consacrés, et protégeaient les grands bois, que l'on n'osait couper par égard et respect pour elles. On n'abattait les arbres que lorsque le prêtre avait assuré que les Dryades les avaient abandonnés. — Les *Hamadryades* étaient des nymphes beaucoup moins indépendantes : elles naissaient et mouraient avec les arbres mêmes, et principalement avec les chênes, dans

(1) Voir *Océan, Téthys, Nérée*, p. 63.
(2) Voir *Océan, Téthys, Nérée*, p. 63.

l'intérieur desquels elles demeuraient presque toujours enfermées.

Les Nymphes avaient des temples ou des autels sur le bord de la mer, dans les forêts et près des sources. On leur offrait en sacrifice des chèvres et des agneaux, avec des libations de vin, de miel et d'huile, ou, plus simplement encore, du lait, des fruits et des fleurs.

Lares. — Pénates.

Les Lares et les Pénates sont des dieux latins d'origine étrusque. Les Lares étaient des génies tutélaires qui, à condition qu'on leur rendît les hommages prescrits par la coutume, protégeaient dans leurs personnes tous les membres d'une même famille. Toute famille avait son dieu lare, qui était son premier ancêtre et son fondateur. Les autres défunts de la famille étaient groupés sous le nom générique de *dieux mânes* (1). Enfin la prospérité matérielle, la demeure, et, particulièrement, les provisions alimentaires étaient sous la protection des dieux Pénates, génies domestiques toujours associés deux à deux et inséparables de Vesta, personnification du foyer. On se choisissait librement ses Pénates parmi les grands dieux ou les grands hommes déifiés. Lares et Pénates avaient leurs *images* dans l'atrium, sur l'autel de Vesta. Au milieu des Pénates jumeaux se tenait le Lare, revêtu de la toge, un chien à ses pieds. C'est là que, chaque matin, le père de famille, entouré de ses enfants et de ses esclaves, venait faire à haute voix la prière commune, et c'est là qu'avant chaque repas il venait offrir les prémices des mets avec une libation de vin. Lors des grands sacrifices,

(1) Voir *Mânes*, p. 74.

on immolait aux divinités un agneau, un bélier ou un veau ; dans les fêtes de second ordre, on leur offrait les prémices des fruits. La flamme du foyer veillait nuit et jour dans le sanctuaire domestique, et ne devait s'éteindre qu'avec la famille elle-même.

Chaque cité, de même que chaque famille, avait son dieu lare et ses dieux pénates ; et, s'il arrivait que la cité fût détruite, comme il advint pour la ville de Troie, on transportait sur le nouvel emplacement les divinités et le foyer lui-même. Ainsi fit Énée, quand il partit de la Troade pour gagner le Latium (1).

B. — La Mer.

Océan. — Téthys. — Nérée.

L'Océan, fils du Ciel et de la Terre (2), est le premier dieu des eaux, et passait, illogiquement d'ailleurs, pour le père de tous les êtres. De l'urne que ce vieillard tient à la main s'écoulent perpétuellement et la mer et les fleuves et les fontaines. Il est vénéré par les hommes, qui lui offrent des libations solennelles avant de s'engager dans les expéditions maritimes, et par les divinités elles-mêmes, surtout les divinités fluviales.

Les Anciens le considéraient encore comme un fleuve immense et circulaire, situé à la limite de la terre, qu'ils croyaient plate, dans des régions brumeuses et inaccessibles d'où s'exhalaient sans cesse des nuages qui retombaient en pluie sur la surface de la mer.

Il épousa Téthys, sa sœur, qui devint mère des trois

(1) Voir *Analyse de l'Énéide*, p. 233.
(2) Voir *Les Origines*, p. 3.

mille *Océanides*. Téthys est vraisemblablement la personnification de la mer Méditerranée, et son alliance avec l'Océan symbolise la fusion des deux mers. Elle parcourt son vaste empire sur une conque de nacre traînée par des chevaux marins, avec tout un cortège de dauphins bondissants, de tritons sonnant de la trompe et d'Océanides couronnées de fleurs, les cheveux épars sous le vent. — Les Océanides étaient l'objet d'un culte particulier ; les nautoniers leur offraient des libations et des sacrifices.

Nérée, son fils, dieu marin plus ancien que Neptune, épousa Doris, sa propre sœur, mère des cinquante *Néréides*. Doux et pacifique, il vient en aide aux héros et aux hommes, et leur donne les conseils de sa sagesse et de sa vieille expérience : c'est lui qui indique à Hercule où se trouvent les pommes d'or que gardent les Hespérides (1) et qui tente de détourner Pâris d'enlever Hélène à Ménélas (2). Il réside dans la mer Égée où ses filles, belles comme le jour, le divertissent par leurs chants, portées sur des dauphins ou des chevaux marins. Thétis est l'une d'elles : elle épousera le fils d'Éaque, Pélée, roi de Phthiotide, en Thessalie, et enfantera le grand Achille.

Neptune ; en grec, Poséidon.

Quand Neptune vint au monde, Cybèle, sa mère, le cacha dans une bergerie d'Arcadie et fit croire à Saturne, son époux, qu'elle avait enfanté un poulain. Saturne, qui dévorait tout indistinctement, prit le change, et Neptune fut sauvé. Il se rendit utile à Jupiter à l'époque

(1) Voir *Hercule*, p. 109.
(2) Voir *Les Atrides*, p. 188.

Neptune.
(Fontaine de la Villa Montalto, par Bernini.)

où le maître de l'Olympe eut à soutenir sa terrible lutte
contre les Géants (1), mais, un peu plus tard, il entra
dans la conspiration qu'ourdissait Junon contre ce
dieu (2), et, pour un temps, fut banni sur la terre, où il
travailla, en compagnie d'Apollon, à relever les murailles
de Troie. Rentré en grâce, il demeura, par la suite, toujours fidèle à son frère, qui lui donna pour lot royal
la mer immense, les îles et les rivages.

Neptune est le dieu puissant de l'élément liquide
sous toutes ses formes. Tantôt il réside au fond des
eaux, dans des régions paisibles, sans que rien lui échappe
pourtant de ce qui se passe à la surface des ondes ;
tantôt, armé de son trident, il parcourt, majestueux et
calme, son vaste domaine sur un char emporté par
des coursiers impétueux et bondissants comme les flots
blancs d'écume. Il apaise d'un mot le tumulte des vagues
qu'a soulevées le souffle inconsidéré des vents, et protège
la course des hardis navigateurs. Mais, le plus souvent,
irrité et farouche, il suscite les tempêtes, qu'il met en
branle d'un coup de son trident redoutable. — C'est encore
lui qui découpe le continent pour y creuser des golfes,
pour ouvrir aux fleuves de l'intérieur une voie jusqu'à
la mer ; c'est lui qui fait jaillir les sources ; c'est lui qui
fait surgir les îles ; c'est lui qui, pour parler comme les
Grecs, *supporte la terre*, et la Grèce et toutes les
Cyclades.

Les mortels vénéraient ce dieu puissant, sévère et
mystérieux, qui leur inspirait plus de crainte que de sym-
pathie et d'amour. Il est un de ceux qui étaient le plus
honorés, et il possédait, surtout dans le voisinage de
la mer, soit en Grèce, soit en Italie, un grand nombre de

(1) Voir *Jupiter*, p. 8.
(2) Voir *Jupiter*, p. 9.

Triton et Néréides.
(D'après une gravure du Cabinet des Estampes).

temples. Les Jeux Isthmiques attiraient à Corinthe tous
les peuples de race hellénique, et, indépendamment des
Neptunales qui se célébraient en juillet, les Romains lui
dédiaient tout le mois de février.

Le cheval, symbole vivant de la fougue des flots, lui
était consacré. C'est, d'ailleurs, un cheval qu'il avait fait
sortir de terre le jour où il disputait à Minerve l'honneur
de donner un nom à la nouvelle capitale de l'Attique(1).

Neptune avait pour femme Amphitrite, la fille de Doris
et de Nérée dont l'alliance le combla de tant de joie, qu'il
mit au rang des astres le dauphin qui avait pu décider
la Néréide à devenir son épouse. Leur fils est Triton, le
dieu jaloux et violent, celui dont la conque marine
épouvante les matelots, quoiqu'il sache en tirer, quand
il lui plaît, de suaves accents auxquels aucune musique
humaine ne se peut comparer. C'est de lui que sortit
toute cette lignée de divinités du même nom, monstres
moitié hommes et moitié poissons, qui composaient,
avec les Néréides, le cortège tumultueux des souverains
de la mer.

C. — L'Air
Éole.

Entre la Sicile et l'Italie, sur le sommet des monts
rocheux qui constituent les îles Éoliennes, Éole, le roi
des Vents, règne, subordonné aux ordres de Jupiter,
sur des sujets turbulents et redoutables, qu'il tient
enfermés dans des cavernes profondes et qu'il ne
déchaîne qu'avec l'assentiment de son souverain maître.

Enfants impétueux du Ciel et de la Terre, les Vents
se plaisent, pour la plupart, à tout renverser sur leur

____

(1) Voir *Cécrops*, p. 95.

Éole contenant les Vents.

passage, à soulever les tempêtes, à s'élever jusqu'aux étoiles, puis à fondre avec rage sur les campagnes et sur les eaux. Pour conjurer leurs terribles effets, on leur adressait des vœux et on leur offrait des sacrifices. Leur nombre était considérable, mais les Grecs en reconnaissaient huit principaux, et leur avaient dédié, dans la ville d'Athènes, un petit temple octogonal, à chaque angle duquel était représentée la figure de l'un d'eux, correspondant au point du ciel d'où il a coutume de souffler. Les Romains en réduisaient le nombre à quatre : *Eurus, Borée, Notus* ou *Auster*, et *Zéphyre*.

Eurus est le vent d'Orient, violent et échevelé, au dire des uns, — calme et doux, suivant les autres.

Borée est le vent du Nord, et il vient de Thrace, d'où il apporte la froidure et les frimas. On le confond souvent avec l'âpre *Aquilon*, rapide comme l'aigle.

Notus ou **Auster**, vent chaud et orageux, souffle du midi, et déverse les pluies lourdes sur le sol qu'il détrempe.

Zéphyre, enfin, est le vent d'Ouest. Venant de la mer, il répand la fraîcheur sur les êtres et sur les plantes, et, de son souffle vivifiant, il ranime la nature. Tout puissant qu'il est, il glisse avec légèreté, il baise la terre qui s'entr'ouvre sous sa tiède haleine, et les fleurs naissent et s'épanouissent sous ses pas.

III. Les Enfers.

Pluton, frère de Jupiter, est le dieu impitoyable
des royaumes infernaux, le dieu *riche*, comme Plutus,
mais riche des dépouilles innombrables des mortels;
c'est *Adès*, le dieu invisible; c'est *Orcus*, le dieu geôlier
qui ne lâche point sa proie. Souverain respecté de ses
sujets, il est le seul qui n'ait jamais à craindre leur insu-
bordination ou leur désobéissance. Mais il est universel-
lement détesté; les humains le haïssent et ne lui élèvent
que de très rares sanctuaires. Celui d'Élis, en Grèce, ne
s'ouvrait qu'une fois par an. Pylos, Nisa, Coronée,
Olympie lui avaient consacré des édifices ou des bois
particuliers. A Athènes, on l'honorait dans le sanctuaire
des Furies; à Trézène, dans celui de Diane. On l'invoquait en frappant le sol avec les mains et en immolant,
dans l'ombre de la nuit, des taureaux noirs ou des brebis
noires, ornés de bandelettes sombres, entre les cornes
desquels on faisait brûler de l'encens, et dont on prenait
grand soin de baisser la tête vers le sol.

Alors, au milieu d'un silence absolu, les prêtres se dé-
couvraient le front, puis, ouvrant le ventre des victimes,
ils faisaient écouler le sang dans une fosse préparée à
l'avance, y répandaient les libations de vin, et ensuite

MATTEINI, des.   BOSSY, sc.

Pluton et Cerbère.
(Statue découverte à Ostie.)

réduisaient en cendres toutes les chairs : on ne voulait rien partager avec le dieu redoutable. Les bêtes qu'on lui offrait étaient toujours en nombre pair, contrairement à l'usage adopté pour les autres dieux. Les premiers habitants du Latium lui sacrifiaient même, dit-on, des victimes humaines, et, pendant longtemps, les criminels condamnés au supplice lui furent dévoués, à ce point qu'ils pouvaient être mis à mort par tout citoyen qui les rencontrait.

Des profondeurs où il séjourne, ce dieu, presque toujours assis sur son trône d'ébène ou de soufre, ne connaît rien de ce qui se passe au dehors. Lorsque le tonnerre de Jupiter agite l'Olympe, lorsque Neptune irrité secoue la terre trop violemment, Pluton s'élance de son trône, en sursaut, redoutant pour son triste empire l'effet de cet ébranlement général dont il ignore la cause : il craint qu'il ne se produise au-dessus de lui quelque crevasse, par où les dieux et les hommes plongeraient leurs regards indiscrets. Jadis pourtant il a pris part avec son frère à la guerre soutenue contre les Titans, et les Romains l'admettaient dans l'Olympe, à la place de Mercure, au nombre des douze grands dieux (1).

Près de lui, sur un siège d'ébène, trône Proserpine, la vierge qu'il osa ravir à Cérès (2) et qu'il fit souveraine de l'empire des Ombres. Personne ne pouvait mourir à l'heure marquée par le Destin sans que la déesse eût elle-même coupé le cheveu fatal auquel était liée la vie (3). — Le culte de Proserpine, uni le plus souvent à celui de Cérès, était très répandu en Grèce, à Rome,

(1) Voir *Jupiter*, p. 11.
(2) Voir *Cérès*, p. 45.
(3) Voir *Iris*, p. 43.

surtout en Sicile, où l'on jurait par son nom. Ses temples
étaient magnifiques, et les fêtes célébrées en son honneur avaient un caractère mystérieux : quelquefois, les
femmes seules y prenaient part. On lui sacrifiait de

Pluton et Proserpine.

jeunes chiens noirs, comme à Hécate (1), et des génisses
stériles, symbole de cette royale épouse qui n'eut jamais
d'enfants.

(1) Voir *Diane*, p. 24.

Mânes.

Le royaume de Pluton est l'Empire des Mânes. Le mot *Mânes* signifie *Bons*. Les Mânes étaient primitivement les âmes des Bons, et, comme on croyait communément que ces âmes jouissaient dans les Enfers d'une grande félicité et participaient à la nature divine, on mit les Mânes au rang des dieux. De là l'immense famille des *dieux Mânes.* — D'une façon plus générale, ce mot désigne les âmes, bonnes ou mauvaises, survivant à la destruction du corps. — Les tombeaux étaient placés sous leur protection, et portaient, en tête de chaque épitaphe, cette inscription : *Aux dieux Mânes.* Le cyprès leur était consacré. On célébrait en leur honneur trois fêtes chaque année, et, ces jours-là, les Mânes, afin de participer à la cérémonie, sortaient des Enfers par une ouverture, alors découverte, mais habituellement fermée par la pierre *manale.*

B. — DESCRIPTION DES ENFERS (1)

1° D'après Homère (*Odyssée*, XI).

Au delà du fleuve Océan (2), à la limite occidentale du monde, dans un pays de brumes ténébreuses, que le soleil ne perce jamais de ses rayons, s'étend une plaine monotone et sans limites, où errent confusément les ombres vaines de ceux qui ne sont plus : ignorant tout du présent, elles gardent néanmoins le souvenir du passé, et flottent, à jamais ennuyées, parmi la triste et stérile prairie des asphodèles. C'est le devin Tirésias, et la chaste Pénélope, et Agamemnon, le roi des rois, et le bouillant Ajax, et l'impétueux Achille, qui aimerait

---

(1) La description et la topographie des Enfers varient suivant les auteurs. Nous donnons ici les conceptions d'Homère et de Virgile.

(2) Voir *Océan, Téthys, Nérée*, p. 62.

mieux être bouvier sur terre que de régner au morne
pays des *Cimmériens*. Là encore, pêle-mêle répandus
autour de Minos, qui tient un sceptre d'or et rend la justice aux Mânes, Orion, le géant, passe son temps à
chasser un gibier fantastique; Tityus, qui jadis insulta
Latone, dans le temps où elle courait le monde pour se
dérober aux poursuites du serpent Python, couvre de
son vaste corps neuf arpents de terre, tandis que deux
vautours acharnés lui rongent éternellement le foie;
Tantale, debout dans son lac, souffre sans trêve ni repos
les tortures de la faim et de la soif; Sisyphe, les bras et
les jarrets tendus, pousse et roule de toute sa force la
masse énorme de pierre qui, chaque fois qu'elle est près
d'atteindre le sommet de la montagne, retombe de tout
son poids dans la plaine (1); Hercule enfin, la poitrine
ceinte d'un baudrier terrible, l'arc encore tendu et le
trait appuyé sur la corde, met en fuite la troupe des
morts, qui se sauve épouvantée à son approche, pareille
à une bande d'oiseaux timides. Plus loin, dans les
profondeurs de l'espace, c'est l'*Érèbe*, l'endroit le plus
obscur de ce sombre royaume, séjour d'Adès (2) et de
Proserpine, des Harpyes, de Cerbère et des Furies (3);
mais il n'est donné à aucun être humain de faire
pénétrer son regard jusque-là, au lieu que l'on peut
apercevoir les ombres mêmes, leur parler du bord, et
entendre, comme il advint à Ulysse durant son voyage,
les cris lamentables qu'elles poussent. Car elles aspirent
toutes à revivre, et si, dans leur voisinage, on immole
quelque victime, l'odeur du sang les attire par bandes
folles, et elles ont l'âpre désir d'en boire, pour en emplir
leurs veines où plus rien ne coule.

(1) Voir *Sisyphe*, p. 160.
(2) Voir *Pluton*, p. 70. — (3) Voir ces différents mots à l'Index.

2° D'après Virgile (*Énéide*, VI) (1).

On accédait aux Enfers par toute anfractuosité mystérieuse d'où s'exhalaient des vapeurs méphitiques. Les gouffres du lac Averne, près de Cumes, en Italie, les antres voisins du cap Ténare, au sud du Péloponèse, étaient les plus renommées de ces entrées souterraines. Devant le vestibule et dans les premières gorges des sombres demeures, étaient couchés les Chagrins et les Remords vengeurs. Là résidaient encore les pâles Maladies, et la triste Vieillesse, et la Crainte, et la Faim, mauvaise conseillère, et la hideuse Pauvreté, et la Souffrance et la Mort, monstres effrayants, et le Sommeil, frère de la Mort, et les Joies malsaines de l'âme. Plus loin, et près du seuil même, se tenait la Guerre meurtrière, puis les Furies sur leurs sièges de fer, et la Discorde en fureur, avec sa chevelure de vipères qui se tordent sous les nœuds de bandelettes ensanglantées. Au centre, un orme épais, immense, sous les feuilles duquel étaient suspendus, dit-on, les Songes vains. Et mille autres monstres encore : les Centaures, vautrés sur le sol, Briarée, le géant aux cent bras, l'Hydre de Lerne, la Chimère, armée de flammes, et les Gorgones, et les Harpyes, et Géryon au triple corps.

Alors on arrivait au fleuve Achéron, gouffre vaste et fangeux, toujours bouillonnant, dont les eaux se mélangeaient à celles du Styx. — L'Achéron n'était que l'affluent, et le Styx, fleuve énorme, faisait neuf fois le tour des Enfers. Lorsque les dieux avaient juré par son

(1) Nous joignons à cette analyse du livre VI de l'*Énéide*, un plan des Enfers conforme à la description du poète, mais il est bien entendu qu'il ne faut voir là qu'une fantaisie, dont la seule excuse est de plaire et de faciliter au lecteur cette excursion souterraine.

nom, ils n'osaient plus se parjurer ; car, s'ils venaient à
révoquer leur serment, ils étaient privés pendant cent ans
de leur divinité : telle était la volonté de Jupiter, à qui le
Styx, nymphe jadis, avait rendu de puissants services, lors
de sa guerre contre les Titans. — La garde de ces fleuves
était confiée au terrible Charon, sous le menton duquel
pendait une longue barbe blanche, inculte et malpropre.
Debout sur une barque étroite et sombre, ce dieu
vieillard, fils de la Nuit, une perche à la main, transportait les ombres sur l'autre bord. Et en effet, elles sont
là, pressées sur la rive, plus nombreuses que les feuilles
d'automne qui tombent dans les forêts, demandant
toutes à passer les premières ; mais, d'abord, le nocher
repousse impitoyablement celles qui ont été privées de
sépulture, et qui, par conséquent, devront attendre
leur tour durant cent années. Puis, il n'admet les
autres que si elles peuvent lui montrer que l'on a pris
soin là-haut de leur mettre sous la langue, au moment
de la mort, la somme dont elles doivent payer le
passage : une obole au moins, et trois au plus. Quant aux
vivants, si l'un d'eux se hasarde à descendre dans les
Enfers, il doit indispensablement présenter le rameau d'or
fatidique exigé par Proserpine, et que l'on ne peut trouver
sur terre qu'avec le consentement de la souveraine. Pour
avoir admis dans sa barque le puissant Hercule sans ce
rameau d'or, Charon fut relégué pendant un an dans les
profondeurs du Tartare.

Sur l'autre rive, au milieu de plantes marécageuses
émergeant d'un noir limon, l'énorme Cerbère, chien à
trois têtes (1), allongeait hors de son antre son cou hérissé
de vipères. Issu du géant Typhon et d'Échidna, — monstre

(1) Voir la gravure de la page 71.

moitié femme et moitié serpent, — frère du Sphinx, de la Chimère, de l'Hydre de Lerne et du lion de Némée, ce farouche gardien, dont les crocs noirs et tranchants étaient remplis de venin, menaçait de ses trois gueules aboyantes les ombres à qui fût venue la fantaisie de sortir, et se précipitait sur les vivants assez audacieux pour pénétrer dans le royaume des morts. Orphée l'endormit cependant aux sons de sa lyre, quand il vint chercher son Eurydice; mais, plus tard, la Sibylle de Cumes, qui conduisait Énée vers l'ombre de son père Anchise, dut jeter à la bête un gâteau soporifique, pour que le fils de Vénus ne fût pas dévoré. Cerbère connut la peur du moins une fois : ce fut le jour où Hercule se présenta devant lui : oh ! alors, il se sauva tout tremblant sous le trône même de Pluton, d'où le héros, le tirant à lui de ses fortes mains, le traîna, têtes basses, jusqu'à la surface de la terre (1).

Au delà du marais, s'étendait le vaste empire des Ombres. Et d'abord, on traversait une plaine où se lamentaient les âmes des enfants morts en naissant, puis une autre, toute remplie des malheureux qui avaient péri victimes de jugements iniques : au milieu d'eux, Minos (2), assisté d'Éaque (3), agitait l'urne fatale; car, aux Enfers, les places n'étaient point assignées sans examen ni sans arrêt du sort, mais, au contraire, Minos, comme ferait un juge inflexible, appelant les ombres à son tribunal, s'enquérait avec soin de leur vie et de leurs fautes. Et le silence régnait autour de lui. — Plus loin, c'était la plaine des tristes suicidés, puis le champ des pleurs, où erraient, à travers des sentiers mystérieux, ceux qu'avait fait

(1) Pour plus de détails, voir **Hercule** : 12. *Descente aux Enfers*, p. 111.
(2) Voir *Minos*, p. 214.
(3) Voir *Pélée*, p. 135.

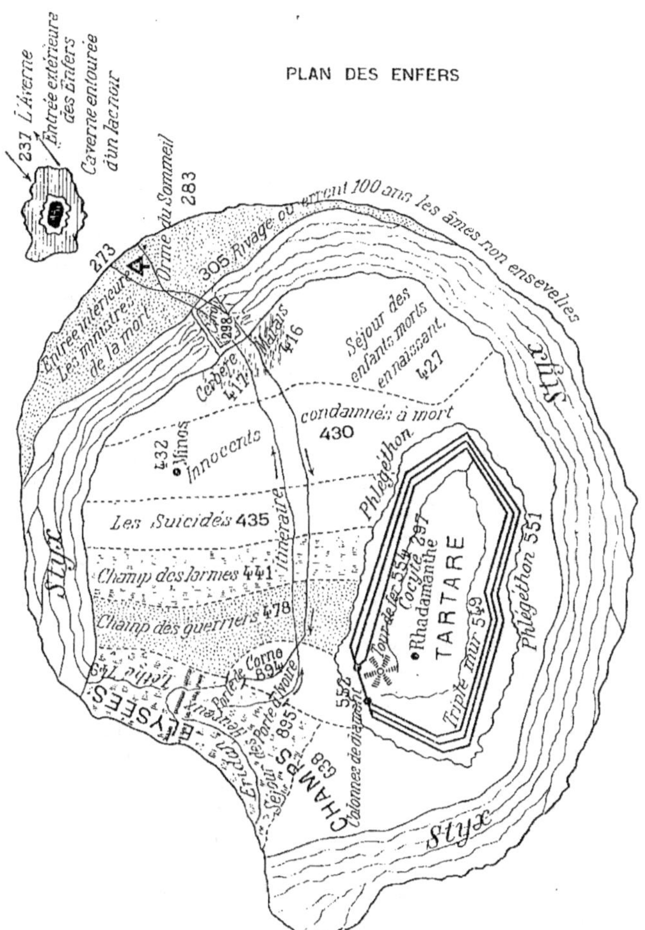

Les chiffres renvoient aux différents passages du livre VI de l'Énéide.
(D'après le *Magasin Pittoresque*, année 1850, p. 4.)

souffrir un amour malheureux et non partagé. C'est là,
sous l'ombre épaisse des myrtes, qu'Énée devait revoir
la plaintive Didon. Toujours plus loin, s'étendait le champ
des guerriers, qui s'exerçaient encore, comme jadis sur
la terre, au noble jeu des armes.

A partir de là, le chemin bifurquait. A gauche, on
apercevait dans le lointain une vaste enceinte entourée
de trois murailles : un fleuve rapide, le Phlégéthon,
roulait tout autour des torrents de flammes et des rocs
retentissants. On voyait en face de soi une porte gigantesque, enfermée entre des colonnes de diamant. Une
tour de fer se dressait dans les airs, et Tisiphone, l'une
des trois Furies, vêtue d'une robe sanglante, veillait là,
jour et nuit, dans le vestibule de la tour, sans jamais
s'endormir. Ces Furies, ou, comme on les appelait
encore, les Érinnyes, étaient trois sœurs, nées du sang
de Saturne mutilé par Jupiter (1). Ministres des colères
divines, elles avaient pour mission de persécuter le
crime et de venger les innocents : leur pouvoir s'exerçait non seulement aux Enfers, mais encore sur la Terre
et jusque dans le Ciel. La plus féroce des trois, odieuse
à Pluton lui-même, était Alecton. C'est elle qui, en
compagnie de Mégère, son autre sœur, vaguant à
l'intérieur de l'enceinte, tourmentait sans relâche les
criminels, flagellant avec des serpents et des flambeaux
ardents tous ces misérables qui avaient si mal vécu.
Car ce lieu, d'où s'échappaient des hurlements horribles,
était le *Tartare*. C'est là que Rhadamanthe (2) dictait
ses dures lois, non loin des rives du Cocyte, tout gonflé
des larmes tardives des méchants. C'est là que l'on eût
pu voir les Titans rebelles, et l'impie Salmonée, et Tityus,

(1) Voir *Les Origines*, p. 3.
(2) Voir *Minos*, p. 209.

et Ixion (1), et tous les parjures, et tous les avares, et tous les traîtres, tous livrés à des supplices sans nom.

Sur la droite de la bifurcation l'on arrivait enfin à des champs délicieux, à de riantes prairies, dans des bois toujours verts, séjour de la félicité. Un air pur y revêtait au loin les campagnes d'une lumière pourprée : les ombres y avaient leur soleil et leurs astres. Dans cette demeure des Bienheureux, dans ces Champs Élyséens, elles exerçaient sur le gazon la force de leurs membres, ou luttaient sur le sable doré. Là, le divin chantre de la Thrace, Orphée, revêtu d'une longue robe, faisait résonner de ses doigts et de son plectre d'ivoire (2) les cordes de sa lyre, tandis que d'autres ombres, mollement couchées près de la source de l'Éridan, chantaient en chœur un joyeux pæan (3). Au fond d'une vallée verdoyante, s'écoulait paisiblement, à travers un bocage solitaire, plein d'arbrisseaux sonores, l'onde lente et silencieuse du Léthé, fleuve de l'Oubli, qui formait, de ce côté des Enfers, comme la limite extrême avant le monde extérieur. Autour de ses rives, voltigeaient des nations et des peuples sans nombre, âmes défuntes à qui les destins réservaient d'autres corps et qui venaient boire dans les eaux du fleuve l'oubli de leur vie antérieure. Jadis elles avaient animé des corps d'hommes justes, beaucoup même des corps de méchants, mais les fautes avaient été lavées par l'expiation, et les unes et les autres aspiraient à revivre. Alors, quand toute trace du passé se trouvait effacée de leur mémoire, et qu'il ne

(1) Voir ces différents mots à l'Index.

(2) Petite baguette dont on frappe les cordes d'un instrument de musique.

(3) Espèce d'hymne en l'honneur d'Apollon, de Bacchus ou de Mars.

leur restait plus que d'obscures réminiscences de ce qu'elles avaient été tout d'abord, les dieux les admettaient à supporter les épreuves de leur nouvelle incarnation.

C'était là le terme de l'Érèbe, de l'immense royaume des Ombres. On en pouvait sortir par les deux portes du Sommeil, dont l'une était de corne, par où viennent aux mortels les songes vrais ; l'autre d'ivoire, qui s'ouvre aux songes décevants.

LES LÉGENDES

Les Grandes Légendes.

LES HÉROS

Les Grandes Légendes racontent la vie des **héros** mythologiques. Par ce mot, il faut entendre non pas de simples mortels, mais des êtres supérieurs, intermédiaires entre les dieux et les hommes. Issus de race divine et mortelle tout à la fois, ils constituent, dans les âges reculés qui précédèrent les temps historiques, une sorte d'humanité gigantesque dont les sentiments sont tantôt plus nobles, tantôt plus fougueux que les nôtres, et dont les actes, quels qu'ils soient, ont cet éclat qui met leurs auteurs en une demi-apothéose. Si les forfaits des héros méchants dépassèrent en horreur les plus abominables crimes des générations suivantes, les bons valaient incomparablement mieux que les hommes qui leur succédèrent, et c'est pour eux que Jupiter établit aux extrémités du monde terrestre « les îles des Bienheureux, près du cours profond de l'Océan, où, à l'abri de toute douleur, exempts de tout souci, ils mènent une vie de délices » (1).

On désigne encore les *héros* sous le nom de *demi-dieux*, autant à cause de leur origine à la fois divine et mortelle qu'en considération de leur nature surhumaine.

N. B. — En tête des Grandes Légendes nous avons mis celle de Prométhée, créateur mythologique de la race humaine; puis, partant du centre même de la Grèce, c'est-à-dire de l'Attique, nous sommes monté vers le Nord pour descendre ensuite, toujours en partant de l'Attique, vers le Sud. Cet ordre a paru le meilleur pour éviter autant que possible les répétitions.

---

(1) P. Decharme : *Mythologie de la Grèce antique*, p. 466. Garnier, 1879.

Prométhée.

En ce temps-là, la Terre roulait déserte dans l'espace,
sans qu'un seul être humain animât ses vastes solitudes.
Or, après les importants services que, dans la guerre
soutenue contre les Géants, Jupiter avait reçus de
Prométhée, le fils du Titan Japet (1), l'ingrat souverain,
redoutant la supériorité intellectuelle de son serviteur,
l'avait chassé du ciel et jeté d'en haut sur la masse
terrestre. Isolé sur ce monde, Prométhée, émule hardi
de la divinité, inventeur et créateur, et, pour tout dire,
presque dieu lui-même, prit un bloc d'argile, le pétrit
avec de l'eau, et façonna l'homme, cet être intelligent
et harmonieux, capable de comprendre les beautés de
l'univers et de soumettre à sa volonté les êtres et la
nature. Minerve admira l'ouvrage et offrant à l'auteur
de contribuer pour sa part à la perfection de la créature
nouvelle, le conduisit à travers les régions célestes pour
qu'il y choisît lui-même ce qu'il jugerait le meilleur.
Prométhée, « *le prévoyant* », ravit alors au char du soleil
une étincelle éthérée, la cacha dans la tige d'une férule
(2), et, retournant sur la terre, apporta aux hommes
qu'il aimait le feu divin, source de l'industrie à venir.

Cependant Jupiter, venant à découvrir le larcin, se
sentit transporté de colère : il voulait foudroyer tout au
moins cette race inconnue qui lui semblait redoutable,
mais le Titan fut si habile, que le roi de l'Olympe jura
de la laisser vivre. A vrai dire, la colère du dieu n'était
point apaisée, et Prométhée allait l'accroître encore.
Voulant éprouver si Jupiter était vraiment digne des
honneurs qu'on lui rendait, il tua deux taureaux, en
enleva la peau, disséqua la chair et les os des deux

(1) Voir *Jupiter*, p. 8. — (2) Genre de plante ombellifère.

bêtes, puis, ayant mis les os sous l'une des peaux, et les chairs, la graisse et la moelle sous l'autre, il offrit à Jupiter de s'attribuer l'une des deux victimes. Le dieu porta malheureusement son choix sur celle que remplissaient les os. Quand il se vit berné, il résolut, à cette fois, de punir l'audacieux. Sans retard, il commande à Vulcain de lui fabriquer une femme. Celui-ci obéit, orne sa créature de toutes les beautés matérielles, puis, ayant fait, il l'introduit lui-même dans l'assemblée des dieux. Tous l'admirent, tous lui veulent faire un présent : et c'est de là précisément que lui viendra le nom de Pandore, c'est-à-dire *dotée par tous*. Minerve la revêt d'une robe éblouissante de blancheur, lui pose sur la tête un voile orné de guirlandes de fleurs et surmonté d'une couronne en or, lui fait don de l'intelligence, et lui inspire la connaissance de tous les arts propres à son sexe ; Vénus l'entoure de ce charme perfide qui fait naître les désirs inquiets ; Mercure lui donne l'éloquence persuasive ; les Grâces, des colliers d'or. Ainsi dotée par chaque dieu ou déesse, Pandore arrive enfin devant Jupiter, qui lui remet une petite boîte bien close, en lui recommandant de la porter sur terre à Prométhée.

Le rusé Titan, toujours sur ses gardes, ne se laissa point prendre au piège que lui tendait le dieu. Il écarta de lui cette femme insinuante et belle, et n'accepta pas davantage la boîte qu'elle lui présentait. Rebutée de ce côté, Pandore alla trouver Épiméthée, l'autre fils de Japet. Épiméthée, « *l'imprudent* », malgré l'avis qu'il avait reçu de n'accepter aucun présent de Jupiter, se laissa séduire par la grâce de la vierge : il accueillit cette charmante créature, en fit sa femme, et ouvrit la boîte. Soudain un nuage de maux et de crimes s'éleva, enveloppant de sa brume épaisse toute la surface de la terre. Épiméthée voulut refermer la boîte, mais la horde fatale s'était envolée : il ne restait au fond que l'Espérance. Et c'est ainsi que Pandore, la première femme, à ce que dit la légende, la mère du genre humain, préparait à sa postérité toutes les misères qui devaient fondre sur les hommes.

Néanmoins Jupiter ne se trouvait point assez vengé, car il n'avait pu tromper l'artiste. Alors, animé d'ailleurs par la vieille rancune qu'entretenait en lui le souvenir du feu volé, il donne l'ordre à Vulcain d'aller avec la Force enchaîner le Titan sur le sommet du Caucase. Il fait plus encore, et, pour se mieux satisfaire, il précipite du haut des nues un vautour affamé qui, chaque jour et sans trêve, ouvrira, de son bec éternellement infatigable, la poitrine du supplicié, et lui rongera, durant 30.000 ans, le foie toujours renaissant. Un jour pourtant, Prométhée, qui savait lire dans le lointain des âges, fit passer au souverain de l'Olympe l'avis charitable que, s'il épousait Thétis, ainsi que le dieu se l'était proposé (1), il naîtrait de ce mariage un fils puissant et redoutable, qui détrônerait son père. Touché de cet avis, Jupiter délivra lui-même Prométhée, ou, selon d'autres, lui députa Hercule. Seulement, pour ne pas violer le serment qu'il avait fait de ne jamais souffrir qu'on le déliât, il lui imposa l'obligation de toujours porter au doigt un anneau de fer auquel serait attaché un fragment de la roche caucasienne. — C'est de là que nous est venu l'usage des bagues ornées d'un chaton.

On ne sait rien de plus concernant la vie de ces divers personnages, sinon que Prométhée eut pour fils Deucalion (2), dont la femme, Pyrrha, était la fille d'Épiméthée.

(1) Voir, pour une autre version, les *Légendes de la Thessalie* : Pélée, p. 136 et 137. — (2) Voir *Deucalion*, p. 151.

I. — Légendes de l'Attique.

Thésée.

Égée, fils de Pandion et roi d'Athènes, était venu à Trézène, ville du Péloponèse, pour y épouser Éthra, la fille du roi Pitthée. Au moment où il se disposait à retourner seul dans ses États, il cacha sous un énorme bloc de pierre son épée et sa chaussure, recommandant à sa femme, si elle accouchait d'un fils, de l'engager, quand il serait parvenu à l'âge d'homme, à soulever cette pierre, à prendre les objets qu'elle recouvrait et à les lui apporter dans sa capitale. Or, Éthra eut un fils, Thésée, dont elle confia l'éducation au centaure Chiron (1). Dès qu'il eut passé l'enfance, sa mère le conduisit à la cachette et l'informa du désir exprimé par Égée. Alors Thésée, d'un revers de sa forte main, souleva la pierre, prit la chaussure et l'épée, et s'en fut à Athènes pour s'y faire reconnaître de son père. Chemin faisant, il purgea l'isthme de Corinthe du brigand Sinnis, qui se plaisait à s'emparer de tous les passants et à les attacher au sommet de deux pins qu'il rapprochait en les courbant pour les abandonner ensuite à leur élasticité naturelle. — Un autre brigand, Procuste, étendait ses hôtes sur un lit de fer, leur coupait les extrémités lorsqu'elles dépassaient le lit, ou les étirait avec des cordages quand elles n'arrivaient pas jusqu'au bout. Thésée s'empara du monstre et lui fit subir le même supplice. — Sisyphe, voleur et brigand de l'Attique (2), succomba également sous les coups du héros. — Enfin Thésée parvint à la capitale de son

(1) Voir les Centaures, p. 133.
(2) Voir *Sisyphe*, p. 159.

père : il le consolida sur son trône, alors menacé par des troubles intérieurs, puis se porta contre un taureau furieux qui ravageait les plaines de Marathon. Le héros s'empara de l'animal, l'amena vivant dans la ville, et le sacrifia au dieu Apollon (1).

Or, c'était l'époque où, pour la troisième fois, l'Attique devait payer à Minos, roi de Crète, le fatal tribut (2). Les quatorze victimes étaient désignées, déjà prêtes à partir, quand Thésée, à la vue d'une si grande misère, s'émut de compassion et s'offrit à aller combattre le Minotaure, à la mort duquel il était convenu que le tribut ne serait plus payé. Il partit donc avec six jeunes hommes, lui septième, et sept jeunes filles. La voile du vaisseau qui les emportait était noire, mais, au retour, s'il revenait vainqueur, elle devait être remplacée par une voile blanche. De cette façon, le vieil Égée serait plus rapidement informé du sort de son fils.

Les quatorze victimes débarquent donc dans l'île de Crète, où les reçoit Minos, accompagné de sa fille Ariane. La princesse aperçoit Thésée, s'éprend subitement du héros et forme le projet de le sauver. A l'insu de son père, elle va le voir, lui donne un peloton de fil dont il attachera l'un des bouts à l'entrée même du Labyrinthe, et qui le guidera pour revenir, s'il a le bonheur de tuer le monstre. Alors Thésée s'engage dans le Labyrinthe. Au tournant d'un chemin, il aperçoit le Minotaure qui fond sur lui, plein d'une rage écumante : il s'élance, l'étreint, et, après une lutte formidable, l'homme au mufle de taureau tombe, assommé. Athènes est enfin délivrée, et le beau vainqueur s'en retourne, emmenant avec lui les jeunes gens qu'il a sauvés, et suivi de la

(1) Voir *Hercule*, p. 107.
(2) Voir *Minos*, p. 212.

douce Ariane, dont il fait son épouse. Par malheur, ce vaillant est volage : en passant à Naxos, une des Cyclades, il y abandonne son amante, que Bacchus, plus tard, épousera pour la consoler.

Cependant la galère qui le ramenait avec ses compagnons approche de l'Attique. Thésée ne s'est pas souvenu de la recommandation paternelle. La voile est tou-

Thésée tuant le Minotaure dans une des allées du Labyrinthe.
(D'après une gravure du Cabinet des Estampes.)

jours noire, et, du haut de son rocher, le vieux roi, qui guette le retour des absents, s'imagine que son fils a péri. De désespoir, il se précipite dans la mer, — qui depuis lors porta le nom d'*Égée*.

La galère triomphale fut religieusement conservée par les Athéniens, et l'on prit soin d'y remplacer toujours les vieilles pièces à mesure qu'elles menaçaient ruine. C'est sur elle que chaque année l'on portait au dieu de

Délos les offrandes de l'Attique : on lui donnait le nom de *paralienne*.

Paisible possesseur du royaume de son père, Thésée travailla à le raffermir, réunit en une seule ville, où l'autorité résidait entre les mains du peuple, les différents bourgs de l'Attique, et institua en l'honneur de Minerve, protectrice de la cité, la fête des Panathénées. — Cela fait, il abdiqua.

Reprenant alors le cours de ses premiers exploits, il entreprit le voyage du Pont-Euxin, pour y accompagner Hercule dans son expédition contre la redoutable peuplade des Amazones (1), les détruisit presque toutes, et fit prisonnière leur reine, dont il épousa la sœur Antiope, qui devint mère d'Hippolyte. — Il prit part, avec Méléagre, à la chasse du sanglier qui ravageait en Étolie tout le pays de Calydon, — suivit les Argonautes à la conquête de la Toison d'or, — et, au retour, passant à travers le pays des Lapithes, eut maille à partir avec leur roi Pirithoüs. Ce dernier, en effet, jaloux de la gloire du héros, lui chercha querelle, et lui déroba un troupeau pour le forcer à le suivre. Plein de colère, Thésée fondit sur son ennemi, mais, dans l'âpre lutte que soutinrent les deux hommes, ils conçurent soudain tant d'estime l'un pour l'autre, qu'ils se jurèrent de ne plus se quitter. C'est ainsi que, plus tard, Thésée n'eut qu'à demander aide et secours à son ami pour enlever la jeune et belle Hélène, fille de Tyndare, roi de Sparte, que, d'ailleurs, il rendit peu après à ses frères, Castor et Pollux. A son tour, il descendit aux Enfers avec Pirithoüs, pour

(1) Les Amazones étaient des femmes guerrières de la Cappadoce. Elles faisaient mourir tous leurs enfants mâles, et, pour mieux tirer de l'arc, se brûlaient la mamelle droite : d'où leur nom d'*Amazones*, c'est-à-dire *privées d'une mamelle*. — Voir *Hercule*, p. 107 : 9.

l'aider à ravir Proserpine. Saisis, puis livrés aux Furies, ils durent pourtant attendre deux années à l'entrée du Tartare, jusqu'au jour où Hercule, qui venait là pour enchaîner Cerbère, leur tendit la main et les délivra (1).

A cette époque, Thésée avait pour femme l'ardente Phèdre, la fille de Minos, roi de Crète, et de Pasiphaé.

La malheureuse, à qui la longue absence de son mari pouvait faire croire qu'elle était veuve, avait formé le dessein d'épouser Hippolyte, le propre fils de l'ancien roi. Or ce jeune prince, d'un caractère farouche, n'aimait rien que la chasse et les amusements guerriers. Phèdre se flattait pourtant de le convertir à sa propre passion. Tout à coup Thésée rentre. Furieuse d'être déçue dans ses espérances, furieuse de n'avoir même pas réussi à faire partager à celui qu'elle aime son désir criminel, elle l'accuse auprès de son père d'avoir osé concevoir sur elle les projets de mariage qu'elle-même avait formés sur lui. Thésée la croit, et, dans sa rage aveugle, il maudit son fils, le chasse de sa vue, et l'abandonne à la vengeance de Neptune, à qui jadis il avait rendu service. Monté sur son char, Hippolyte s'en va, respectueux et muet; mais, tandis qu'il longe le bord de la mer, un monstre, suscité par le dieu, sort des flots et se dresse au-devant des chevaux qu'il épouvante : les bêtes s'affolent, s'emballent, le char est fracassé, le corps du jeune homme réduit en pièces sur les rochers et sur les ronces. On le rapporte à son père, qui vient d'apprendre — trop tard — la vérité. Phèdre s'est pendue en la révélant.

Le peuple d'Athènes, irrité de la mort injuste d'Hippolyte, rendit un décret de bannissement contre Thésée. Et le vieillard s'en fut mourir dans l'île de Scyros, où

(1) Voir *Hercule*, p. 111.

le roi du pays, sous prétexte de lui découvrir l'étendue de ses propriétés, le conduisit un jour au sommet d'un rocher escarpé, puis le poussa brutalement dans la mer.

Plusieurs siècles après, Athènes se ressouvint du héros auquel elle devait sa gloire. La Pythie (1) ordonna de recueillir ses os. Mais personne ne connaissait, à Scyros, le lieu de sa sépulture. Ce fut Cimon (2) qui la découvrit. Ayant aperçu un aigle qui frappait de son bec un tumulus, il le fit ouvrir, et y trouva le cercueil d'un homme de grande taille, avec le fer d'une pique et une épée. Il chargea aussitôt ces précieux restes sur sa galère et les porta à Athènes où, en pompe solennelle, on les plaça dans une enceinte sacrée, dite *Théséium*, qui eut droit d'asile.

L'art plastique des anciens a représenté Thésée à peu près sous les mêmes traits qu'Hercule, dont il semble bien, en effet, avoir été, toute sa vie, comme la seconde image.

Cécrops.

Il existe deux légendes sur Cécrops. L'une fait de lui un riche Égyptien qui quitta sa patrie, vint dans l'Attique avec des colons, et y fonda une ville. L'autre en fait un personnage *autochthone*, c'est-à-dire *né du sol même* de l'Attique, et fondateur d'un bourg, dont il poliça les habitants en instituant des sacrifices de farine au lieu de sacrifices sanglants. Cet autochthone avait la tête, les bras et la poitrine d'un homme, avec la queue d'un dragon. Il ressemblait donc aux Géants, comme lui enfants de la Terre. C'est pendant son règne que le dieu Neptune, voulant prendre possession de la contrée et donner

(1) La *Pythie* ou *Pythonisse* était la prêtresse qui rendait des oracles à Delphes, dans le temple d'Apollon. Voir *Apollon*, p. 19.
(2) Général athénien, fils de Miltiade, mort en 449 avant J.-C.

son nom à la ville nouvelle, fit jaillir d'un coup de son
trident un cheval frémissant, disent les uns, une source
d'eau salée, disent les autres, sur le rocher de l'Acropole, alors appelée Cécropie. — Plus tard, on montrait
cette source dans l'enceinte du temple *Érechthéion* (1). —
Malheureusement, personne n'avait vu le dieu à l'œuvre.
Au contraire, Minerve-Athéné, qui revendiquait, elle
aussi, cette même contrée, fit sortir du sol avec sa lance,
sur le roc cécropien, une haute pousse d'olivier,
et elle eut grand soin de le faire en présence de
Cécrops (2). Il y eut contestation entre les deux divinités : les douze grands dieux de l'Olympe furent pris
pour juges, mais le roi déposa contre Neptune. Et,
depuis lors, la ville de Cécrops porta le nom d'Athènes,
sa protectrice.

Érichthonius et ses descendants.

1. **Érichthonius.** — Érichthonius, qu'on désigne encore
sous le nom d'Érechthée, était le fils du dieu Vulcain et de
la Terre. Il naquit avec un buste d'homme soutenu par une
queue de serpent. A peine né, il fut recueilli par Minerve,
— amante insensible de Vulcain, — qui l'éleva et le nourrit
elle-même à l'insu des autres dieux, le fit garder par un
dragon, puis l'enferma dans un coffre qu'elle confia à
Pandrose, l'aînée des filles de Cécrops, avec défense de
l'ouvrir. Pandrose promit de ne pas ouvrir le coffre, et
tint parole ; mais ses deux sœurs, Aglaure et Hersé, ne
purent résister au désir de savoir ce que renfermait la
boîte mystérieuse. A la vue de l'enfant autour duquel

(1) Voir *Érichthonius*, p. 96.
(2) C'est ce même olivier qui, brûlé par les Perses de Xerxès,
poussa de lui-même, et soudainement, de nouveaux rejetons.

s'enroulait le dragon, elles furent prises d'épouvante, et, dans la frayeur vengeresse que leur inspirèrent les Furies, elles se précipitèrent du haut d'un rocher.

Érichthonius, devenu plus tard roi d'Athènes, y introduisit le culte de Minerve, bâtit, en l'honneur de la déesse, un temple sur l'Acropole, où lui-même fut adoré plus tard dans le temple *Érechthéion*, et soutint contre Éleusis une guerre légendaire, à la suite de laquelle cette ville resta sujette d'Athènes.

Après la mort de Pandrose, les Athéniens, en souvenir de son obéissance aux ordres de Minerve, élevèrent à l'aînée des filles de Cécrops un temple voisin de celui de la déesse.

2. **Orithyie.** — Parmi les filles d'Érichthonius, la plus connue est Orithyie, dont l'aventure se trouve mêlée à un événement historique considérable. Un jour que la princesse jouait avec ses compagnes sur les bords de l'Ilyssus, le vent du Nord, Borée, survint brusquement, et l'emporta dans ses bras puissants jusque dans les régions glacées de son royaume de Thrace. Or, au v⁰ siècle avant notre ère, Xerxès envahissait l'Attique. Effrayés, les Athéniens consultèrent l'oracle, qui leur conseilla d'invoquer le secours de leur « *gendre* ». Le sens de la réponse ne tarda point à être compris. On fit un sacrifice à Borée, le vent du Nord, et le dieu souleva une tempête qui fracassa les vaisseaux perses.

3. **Pandion.** — Érichthonius eut pour fils Pandion, roi d'Athènes, père de trois sœurs, Procris, Procné et Philomèle. Les malheurs des deux plus jeunes causèrent à Pandion tant de chagrin, qu'il en mourut.

4. **Procris.** — Procris, l'aînée, avait épousé un jeune homme d'une beauté remarquable, Céphale, que l'Au-

Aurore

H. Aubert. *Lég. myth.*

7

rore avait recherché vainement en mariage (1). Pour se venger, la déesse résolut de brouiller les deux époux. Elle conseilla donc à Céphale, afin de mieux éprouver la fidélité de sa chère Procris, de se déguiser en voyageur, de se présenter à elle, et de lui offrir, à titre de don, de magnifiques joyaux, si elle consentait à devenir sa femme. Procris ne résista pas à l'épreuve, mais, ayant reconnu son mari, elle s'enfuit dans l'île de Crète pour y cacher sa honte auprès d'Artémis. — Touchée de son repentir, cette déesse médite alors une réconciliation. Elle donne à Procris un arc infaillible et un chien, et la renvoie chez Céphale, déguisée et méconnaissable. Le jeune homme, entraîné par le désir de posséder le trait inévitable, commet à son tour la même faute que sa femme. Aussitôt Procris se fait reconnaître, et les époux se réconcilient. — Cependant l'Aurore, mécontente, ne cesse de revenir auprès de Céphale : elle s'attache tout exprès à ses pas, et met au cœur de Procris une jalousie qui la ronge. Un matin, tandis que la pauvre épouse épie, cachée derrière un buisson, celle qu'elle croit sa rivale, Céphale, voyant les feuilles s'agiter, s'imagine qu'un animal est caché là. Il prend son arc, lance le trait, et tue sa Procris bien-aimée. Fou de douleur, il se jette dans la mer.

(1) La déesse *Aurore*, fille de Titan et de la Terre, avait aimé jadis le jeune et beau Tithon, fils de Laomédon, l'un des fondateurs de Troie, et elle en avait un fils, appelé Memnon. Sa passion pour son époux était si grande, qu'elle promit de lui accorder ce qu'il voudrait. Il demanda la faveur d'une longue vie, et l'ayant obtenue, il parvint à une vieillesse excessive, au point d'en perdre sa substance corporelle et de se trouver réduit à n'être plus qu'une cigale, en quoi il fut métamorphosé. — Leur fils, Memnon, roi d'Abydos, fut tué par Achille sous les murs de Troie. Sa statue rendait, dit-on, des sons harmonieux, quand elle était frappée des premiers feux de l'aurore. Ce sont les pleurs de sa mère qui forment la rosée du matin.

Céphale tue par mégarde Procris sa jeune épouse.

5. Philomèle et Procné. — L'histoire de Philomèle et de Procné est assurément l'une des plus lamentables qui soient. Leur père, Pandion, soutenant une guerre contre Labdacus, roi de Thèbes, avait obtenu l'appui du roi de Thrace, Térée, auquel il avait donné, comme récompense, la main de Procné. Mais ce roi, s'enflammant d'amour pour Philomèle, l'enleva brusquement, en fit sa femme, lui coupa la langue pour qu'elle ne pût rien dire, et, par surcroît de précaution, l'enferma dans une tour. La malheureuse cependant imagina de broder des lettres sur un vêtement qu'elle fit parvenir à sa sœur. Alors, le jour de la fête des orgies, Procné, à la tête d'une troupe de femmes, s'en vint assiéger la tour, délivra Philomèle, et, de retour en son palais, égorgeant de ses propres mains son fils Itys, le servit, coupé en morceaux, à la table même de son époux, puis, à la fin du repas, fit rouler devant le roi rassasié la tête de l'enfant. Pris d'épouvante et d'indignation, Térée bondit hors de son siège, saisit une hache, et se mit à la poursuite des deux femmes. Il allait les atteindre quand une divinité intervint, qui métamorphosa Térée en huppe, Procné en rossignol et Philomèle en hirondelle. — C'est, assure-t-on, depuis ce temps-là, que les rossignols ont la voix si plaintive. La pauvre mère pleure toujours le fils qu'elle a perdu.

II. — Légendes thébaines.

Hercule ; en grec, *Héraklès*.

Il n'existe pas, dans tout l'ensemble de la mythologie, de héros ni de dieu dont l'histoire ait donné lieu à un plus grand nombre de légendes. Toutes les régions de la Grèce, la plupart des contrées du bassin de la Méditerranée ont été visitées par Hercule ; ses actions merveilleuses ont eu pour théâtre tout le monde connu des anciens temps. C'est assez dire que ce personnage est un *type*, le plus célèbre des demi-dieux, et qu'il réunit sur son nom les exploits d'autres héros, dont la nature était analogue à la sienne. Il est par excellence l'être fort et bienfaisant, qui consacre sa vie entière au salut de l'humanité, parcourant terres et mers pour secourir les opprimés et dompter les monstres aux dépens de son repos et de sa propre vie, et qui, pour prix de son courage et de son désintéressement, obtient enfin, après une longue suite de souffrances, le droit de siéger à jamais dans le chœur des dieux immortels.

Amphitryon, roi de Thèbes et fils d'Alcée, était, de par Persée, son grand-père, l'arrière-petit-fils du roi des dieux. Dans le même temps, Sthénélus, roi d'Argos et de Mycènes, était lui-même un fils de Persée. Or il arriva que ces deux rois attendant un héritier, — Amphitryon toutefois plus tôt que Sthénélus, — Jupiter déclara par serment, dans le Conseil des dieux, que le descendant de Persée qui allait naître, jouirait sur terre d'une puissance souveraine. Il voulait, par ce serment, favoriser le fils d'Alcmène, femme d'Amphitryon, qu'il aimait de ten-

dresse particulière. Jalouse de cette affection qui la
froissait dans ses droits d'épouse, Junon fit en sorte que
le fils de Sthénélus, contre toute attente, naquît le premier. Et c'est ainsi qu'Hercule dut être un jour le sujet
d'Eurysthée.

Cependant Mercure, pour concilier au nouveau-né les
bonnes grâces de la déesse, le porta dans l'Olympe,
selon la volonté de Jupiter, et, tandis que dormait la
reine des dieux, le déposa sur son sein. Par malheur,
Hercule aspira le lait d'une telle force, que Junon se
réveilla, pleine de courroux, et repoussa l'enfant avec
violence. Le lait jaillit, et, se répandant parmi les plaines
du ciel, y forma cette longue traînée blanchâtre qui
porte aujourd'hui le nom de *Voie lactée*. — La rage de
Junon ne s'en tint pas là : elle envoya deux serpents
dans le berceau d'Hercule ; mais lui, sans s'émouvoir,
étreignit les monstres dans ses petites et robustes mains
de huit mois, et les étouffa.

Hercule devint bientôt d'une grandeur et d'une force
extraordinaires : n'ayant encore que 18 ans, il tua le
lion du Cithéron, qui ravageait les troupeaux de son
père. Il croissait en sagesse également. Un jour qu'il
était sorti en un lieu à l'écart, pour mieux reconnaître,
grâce à une méditation solitaire, à quelles mœurs il se
donnerait, deux femmes lui apparurent, toutes deux très
belles. L'une, vêtue de blanc, avait un visage majestueux et digne, de la pudeur dans le regard, de la
modestie dans les gestes : elle avait nom *Vertu*. L'autre
était d'un fort embonpoint ; ses vêtements étaient somptueux et ses regards provocants : elle avait nom *Volupté*.
L'une et l'autre invita le jeune homme à la suivre, mais
Hercule ne céda point aux appels de la Volupté : réso-
lument, il s'engagea sur les pas de la Vertu.

A cette même époque, son père vint à mourir dans une guerre qu'il soutenait contre un peuple voisin. Créon lui succéda, et, pour récompenser Hercule du secours officieux qu'il avait prêté à la royauté, il lui donna en mariage sa fille Mégare. Cependant Junon, toujours irritée contre le héros, le frappa subitement de folie. Dans un accès de délire, l'infortuné jeta au feu les enfants qu'il avait de Mégare. Revenu à la raison, et terrifié de ce qu'il avait fait, Hercule alla consulter l'oracle de Delphes, qui lui ordonna de se rendre à Mycènes et de s'y mettre au service d'Eurysthée pour une période de douze années. Mais le fils de Sthénélus conçut une telle frayeur de la puissance de ce simple sujet, qui, après tout, avait des droits au trône de l'Argolide, que, pour s'en débarrasser, il lui imposa les entreprises les plus difficiles et les plus périlleuses. De là ces **douze travaux**, qui ont à jamais illustré le nom d'Hercule et dont le héros sortit triomphant grâce à sa valeur indomptable d'abord, puis au secours que lui prêtèrent les dieux. Il reçut de Mercure une épée, d'Apollon des flèches, de Vulcain une cuirasse d'or, de Minerve un manteau, et lui-même il se tailla une massue dans la forêt de Némée, en Élide.

1. **Le Lion de Némée.** — Le premier ordre qu'Eurysthée lui donna fut de lui apporter la peau du lion de Némée. Ce lion, nourri par Junon, et tombé de la lune sur la terre, était invulnérable. Hercule l'accula dans un antre qui avait deux ouvertures, en boucha une, et entrant par l'autre, saisit le monstre par le cou, et l'étrangla.

2. **Hydre de Lerne.** — Le pays de Lerne, en Argolide, avait à souffrir des ravages d'un effroyable serpent à

neuf têtes. Hercule reçut l'ordre d'en purger la contrée.
Il vint donc, mais vainement tenta-t-il d'écraser ces
têtes à coups de massue ou de les couper avec une faux
d'or : pour une qu'il abattait, il en repoussait deux ou
trois. Alors, avec l'aide d'Iolas, son neveu, qui mettait
tout aussitôt un brandon brûlant sur les plaies, à mesure
qu'une tête était abattue, il parvint à arrêter leur croissance continuelle. Quant à celle du milieu, qui devait
survivre — il le savait — aussi longtemps qu'elle serait
intacte, il l'écrasa sous un énorme roc. Cela fait, il
trempa ses flèches dans le sang venimeux de la bête,
et, de la sorte, leur communiqua la redoutable propriété de faire désormais des blessures incurables.

3. **Biche aux pieds d'airain.** — Une biche aux pieds
d'airain et aux cornes d'or vivait, consacrée à Diane, sur
le mont Ménale, en Arcadie. Eurysthée la désirait ardem-
ment. Hercule la poursuivit une année tout entière,
la blessa d'une flèche, et, ayant apaisé la colère de la
déesse, emporta la bête vivante à Mycènes, sur ses
épaules.

4. **Sanglier d'Érymanthe.** — Descendu de l'Érymanthe, montagne d'Arcadie, un sanglier, terrible par sa
force et sa férocité, ravageait le territoire de Psophis.
Hercule, qui avait l'ordre de s'en emparer, parvint à
prendre le monstre dans un lacet et l'amena vivant à
Mycènes. Eurysthée fut tellement effrayé de ce spectacle
qu'il s'enfuit vers la mer et se cacha dans le fond d'un
vaisseau. — C'est en allant combattre ce sanglier,
qu'Hercule livra bataille contre les Centaures de la
Thessalie. Il avait traversé leur pays, et y avait reçu
l'hospitalité de l'un d'entre eux, qui, pour lui faire
honneur, l'avait invité à s'abreuver à longs traits d'un

vin excellent qu'il tenait du dieu Bacchus lui-même.
L'odeur du vin attira tous les autres centaures : ils ac-

Hercule terrassant un centaure.

coururent, armés de leurs massues, de pierres, de
sapins et de torches, dans l'espoir et dans la volonté de

goûter au divin breuvage. Mais Hercule les cribla de ses
traits, tua les uns, et mit les autres en fuite, jusqu'aux
extrémités les plus reculées du Péloponèse.

5. Étables d'Augias. — Augias était un roi de l'Au-
lide, extrêmement riche en troupeaux, et dont personne
ne venait à bout de curer les étables. Hercule, étant
venu le voir sur l'ordre d'Eurysthée, s'engagea à les
nettoyer seul et en un jour, si Augias promettait de
lui donner pour salaire le dixième de ses troupeaux.
Persuadé de l'impossibilité de l'entreprise, Augias
consentit aux exigences du héros. Alors Hercule détourna
de leurs cours deux rivières, l'Alphée et le Pénée, et les
fit passer à travers les étables. L'ingrat monarque voulut
néanmoins réduire le salaire, et fut assez déloyal pour
ne point reconnaître ce qu'il avait promis. Hercule,
indigné, réunit une armée, marcha contre lui, le battit
et le tua.

6. Oiseaux de Stymphale. — Il y avait à Stymphale,
pays d'Arcadie, un marais couvert d'épaisses brous-
sailles et peuplé d'oiseaux monstrueux dont les ailes,
la tête et le bec étaient de fer, et les ongles fort cro-
chus. Ils lançaient leurs plumes, en guise de dard,
contre ceux qui les attaquaient, et se nourrissaient
particulièrement de chair humaine. Leur nombre était
si grand qu'ils obscurcissaient en volant la clarté du
soleil. Sur l'ordre d'Eurysthée, Hercule s'en fut à Stymphale. Il fabriqua des cymbales d'airain, et, les heurtant
l'une contre l'autre pour épouvanter les oiseaux, dis-
persa les monstres hors du marais, et les extermina
successivement à coups de flèches.

7. Taureau de Crète. — Le roi de Crète, Minos, ayant
un jour promis à Neptune de lui sacrifier le premier

être vivant qui sortirait de la mer, le dieu des ondes en fit sortir un taureau d'une admirable beauté. Minos, infidèle à sa promesse, envoya la bête dans ses pâturages et en immola une autre, beaucoup moins belle. Irrité de cet affront, Neptune rendit furieux le taureau, qui devint la terreur du pays. Hercule vint, engagea contre l'animal une lutte terrible, et l'ayant enchaîné, l'emporta vivant sur son dos, à travers la mer, jusqu'en Argolide, où il le rendit à la liberté. C'est ce même taureau que tua Thésée dans les plaines de Marathon (1).

8. **Juments de Diomède.** — Un certain Diomède, roi de la Thrace, — qu'il ne faut pas confondre avec le héros de la guerre de Troie, — possédait des juments féroces et indomptables, qu'il repaissait de chair humaine. Tout étranger jeté sur la côte par la tempête leur était livré en pâture. Hercule, envoyé par Eurysthée, terrassa les gardiens, fit sortir les bêtes des étables, leur jeta le corps de Diomède lui-même, qu'il tua dans une rencontre, et conduisit les cavales au roi de Mycènes, qui les remit en liberté sur une montagne où elles furent dévorées à leur tour par les animaux sauvages de la forêt.

9. **Ceinture d'Hippolyte.** — Hippolyte, reine de la peuplade des Amazones, en Cappadoce (2), avait reçu du dieu Mars, comme marque de sa dignité, une ceinture et un voile, que la fille d'Eurysthée désirait posséder. Hercule vint donc dans le pays, et la reine, qui était venue à sa rencontre, ayant appris le sujet de son voyage, lui offrit aussitôt, fort gracieusement, de lui donner ce qu'il demandait. Mais Junon, jalouse d'un

(1) Voir *Thésée*, p. 90.
(2) Voir *Thésée*, p. 92.

aussi prompt succès, prit la figure d'une Amazone et souleva la multitude, répandant le bruit que les étrangers se disposaient à enlever Hippolyte. Toutes les femmes d'accourir à cheval et en armes. Hercule, qui croit à une trahison, livre bataille, et les détruit presque toutes.

10. Bœufs de Géryon. — Sur les côtes de l'Épire vivait un géant redoutable, fils de Chrysaor, né lui-même du sang de la Méduse. Ce monstre était composé de trois corps, qui ne tenaient ensemble qu'à la région du ventre, et qui, par conséquent, pouvaient user librement de leurs douze membres à la fois. Sa principale richesse consistait en un troupeau de bœufs magnifiques, de couleur rouge, gardés par un autre géant et un chien à deux têtes. Or, ce troupeau était envié par Eurysthée. Hercule vint donc, massacra le géant et le chien, se rendit maître des bœufs, tua Géryon trois fois de suite, à coups de flèches, embarqua les bêtes, et les remit à Eurysthée, qui les sacrifia à Junon. — C'est au retour de ce voyage que, venant à passer sur les bords du Tibre, il s'endormit, tandis que paissait le troupeau, sur la pente du mont Aventin, non loin de l'antre de Cacus, fils de Vulcain, monstre moitié homme et moitié bête, dont la bouche vomissait des tourbillons de flamme et de fumée. A l'orifice de la caverne, que souillaient perpétuellement des flots de sang humain fraîchement répandu, des têtes étaient clouées sur le roc, livides et pleines de taches. Or donc, pendant que le héros dormait, Cacus, profitant de son lourd sommeil, lui déroba ses quatre plus belles paires de bœufs, et, pour n'être pas trahi par les traces de leurs pas, les traîna par la queue dans son antre, à reculons. Cependant, au départ, Hercule, averti tout à coup par leurs mugissements

étouffés, s'aperçoit du larcin. Furieux il se retourne,
voit Cacus, qui se sauve à toutes jambes vers le haut de
la montagne et qui se barricade au moyen d'un rocher
dans son bouge souterrain. Il le poursuit, d'un coup
d'épaule décalotte la caverne, s'élance d'un bond à
l'intérieur, au milieu des nuages de fumée, saisit le
monstre à bras le corps, l'étreint et l'étouffe. Les
habitants de la contrée, ravis de ce triomphe, instituent
en son honneur une fête annuelle, et le héros voue lui-
même à Jupiter un autel d'une dimension prodigieuse,
le *Grand Autel*, qui devint un des monuments les plus
sacrés de Rome, et qui subsistait encore au IVe siècle
avant notre ère (1).

11. Pommes d'or des Hespérides. — Les Hespérides
étaient des nymphes à la voix mélodieuse, qui habitaient,
au pays de l'Atlas, les vagues contrées de l'Occident et
qui avaient pour mission de garder, au milieu d'un
beau jardin, des pommes d'or surveillées par un
dragon. Hercule reçut l'ordre d'aller chercher ces
pommes. Ayant donc appris du dieu Nérée (2) le lieu où
résidaient les Hespérides, il se rendit auprès d'Atlas,
roi de la contrée, que Jupiter avait commis à la charge
de soutenir le ciel sur ses épaules. — Fils de Japet et
frère de Prométhée, cet Atlas avait conduit jadis les
Titans dans leur lutte contre le maître de l'Olympe, et
c'est en punition de ce crime que le dieu vainqueur
avait chargé sa tête et ses bras infatigables du lourd
poids de la voûte céleste. Toute la côte formait son
empire; il y régnait sur la terre et sur les eaux,
possesseur de troupeaux innombrables et de ces magni-

(1) Voir Virgile : *Énéide*, VIII : 190-272.
(2) Voir *Océan, Téthys, Nérée*, p. 63.

fiques jardins où un feuillage étincelant d'or ombrageait des fruits d'or. — Quand Hercule vint, celui-ci fit au dieu-montagne la proposition de vouloir bien aller cueillir les pommes à sa place, ajoutant que lui-même, pendant ce temps, soutiendrait le ciel sur son vaste dos. Atlas consentit, et revint avec les fruits; mais, réflexion faite, il refusa de reprendre son fardeau. Hercule, sans s'émou-

Hercule se charge de porter le ciel.
(D'après une gravure du Cabinet des Estampes.)

voir, pria le roi de le reprendre un seul moment, rien qu'un moment, — le temps de faire un coussin qu'il mettrait sur sa tête. Atlas consentit encore, mais, cette fois, Hercule prit les pommes, — et s'en alla. Les fruits d'or, consacrés à Minerve par Eurysthée, furent d'ailleurs rendus plus tard par la déesse aux

Hespérides, qui reprirent leur ancien ministère (1).

12. Descente aux Enfers. — Pour le douzième de ses travaux, Eurysthée enjoignit à Hercule de lui amener Cerbère, le chien de garde des Enfers. L'aventure était périlleuse. La bête avait une voix effrayante, triple gueule venimeuse et queue de dragon, le cou hérissé de serpents. Hercule pourtant s'en fut à Ténare, en Laconie, où se trouvait une entrée conduisant aux Enfers, et s'engagea dans la sombre ouverture. Arrivé près des portes, il aperçut, vivants et solidement enchaînés sur le sol, Thésée et Pirithoüs qui lui tendirent la main, comptant sur la force de leur ami pour recouvrer leur liberté. Et en effet le héros délivra Thésée, mais le prisonnier tenait si fortement au roc, qu'en se levant il y laissa une partie de sa peau. Quant à Pirithoüs, un tremblement de terre survint qui rendit inutiles les efforts d'Hercule (2). Cerbère cependant guettait l'audacieux ; il le voit s'approcher, et soudain il se dresse devant lui, formidable, et aboyant par ses trois gueules. Hercule va droit au monstre, se jette sur lui corps à corps, l'arrache du trône de Pluton près duquel la bête apeurée s'était subitement réfugiée, l'enchaîne et l'entraîne sur ses pas à la surface de la terre ; puis, l'ayant fait voir à Eurysthée, il le renvoie tout penaud et grondant dans le monde des ténèbres. Plein de fureur, le terrible animal répandit sa bave venimeuse sur une foule de

(1) D'après la légende, l'Océan et la Méditerranée ne communiquaient pas à l'origine : deux montagnes, l'Abila au sud, le Calpé au nord, formaient entre ces mers une barrière qui séparait leurs eaux. Hercule, ayant un jour passé par là, sépara les monts d'un coup d'épaule, et les deux mers se réunirent. Le canal de communication porte aujourd'hui le nom de détroit de Gibraltar ; les montagnes situées de part et d'autre sont désignées sous l'appellation commune de *Colonnes d'Hercule.* — (2) Voir une autre version à *Thésée*, p. 93.

plantes, dont la vertu délétère servit depuis aux magiciennes dans leurs mystérieuses incantations.

En dehors de ces *douze travaux*, la liste des autres exploits accomplis par le héros serait interminable ; mais, désormais, ce ne sont plus des monstres qu'il va combattre(1) ; le temps des épreuves et de la servitude est passé : il va courir le monde en vengeur et libérateur des opprimés, jusqu'au jour où il recevra dans l'Olympe le prix de sa vie généreusement dépensée pour le salut des hommes.

Admète, roi de la Thessalie, étant dangereusement malade, avait consulté l'oracle, et en avait reçu pour réponse, qu'il n'échapperait à la mort que si quelqu'un se dévouait à sa place. Personne ne s'offrant, sa femme, Alceste, se dévoua. Or, le jour même où elle était sacrifiée, Hercule arriva par hasard dans le palais. Admète le reçut néanmoins de telle façon que le héros ne se douta pas un instant du malheur qui venait de frapper le roi. Seule une indiscrétion l'éclaira. Touché au fond de l'âme, Hercule, pour prix de tant de délicatesse, descendit aux Enfers, en arracha de vive force l'ombre d'Alceste, et rendit l'épouse à son hôte.

Peu de temps après il lui advint malheur. Il fit la rencontre d'Iphitus — fils d'Eurytus, roi d'Œchalie — qui était à la recherche des vaches que l'on avait volées à son père. Tous deux voyageaient de concert pour retrouver les bestiaux, quand le héros, saisi de folie subite, se jeta sur son compagnon et le précipita du haut d'une muraille. Rendu à la raison, Hercule consulta l'oracle de Delphes pour savoir comment il pourrait se purifier de son crime. Le dieu lui fit entendre qu'il devait se mettre de lui-même

______

(1) Voir cependant page 280, note 1.

en esclavage pendant une année, et donner son salaire
au roi d'OEchalie pour racheter le sang du jeune prince.
Conformément à cet oracle, et sur la prière du héros,
Mercure s'interposa : il vendit Hercule trois talents à
Omphale, reine de Lydie. Une tradition manifestement
fausse nous le représente plongé, durant cette période,
dans une vie de délices et de mollesse, vêtu d'habits
de femme et filant la laine aux pieds d'Omphale qui a
endossé la peau du lion de Némée. La vérité, c'est qu'il
continua, malgré son esclavage, la série de ses utiles
travaux, et que la reine, émerveillée de son courage,
le rendit spontanément à la liberté.

Il devait se rencontrer encore, un peu plus tard, avec
le roi d'OEchalie. Habile à tirer de l'arc, Eurytus promettait sa fille Iole à quiconque l'emporterait sur lui
en cet art. Hercule accepta le défi, et sortit vainqueur
de l'épreuve. Mais Eurytus ayant refusé de lui donner sa
fille, le héros résolut de le châtier, lui et ses fils, avec
d'autant plus de sévérité que ce roi exigeait un tribut
inique des habitants de l'Eubée. Il quitta donc le pays
avec le dessein d'y revenir tôt ou tard, quand il aurait
rassemblé des hommes et une armée. Chemin faisant, il
se rendit à Calydon, où régnait OEnée, père de la belle
Déjanire. Là, subitement épris des charmes de la princesse, il demanda sa main. Par malheur, d'autres que
lui l'avaient déjà demandée, et le plus redoutable des
concurrents se trouvait être le dieu du fleuve Achéloüs,
le cours d'eau le plus considérable de tous ceux qui
arrosent la Grèce. L'on convint alors qu'un combat déci-
derait du choix de la jeune fille. Les autres amants se
désistèrent, mais Achéloüs accepta le défi d'Hercule :
il fut une première fois vaincu. Il prit la forme d'un

serpent, et fut défait une seconde fois. A la troisième
attaque, il fondit contre son adversaire sous la forme
d'un taureau : Hercule, plus immobile qu'un roc, le
saisit par les cornes, et, le terrassant, lui en arracha
une et le contraignit d'aller se cacher dans le fleuve.
Déjanire se prononça pour le vainqueur.

Cependant l'implacable Junon le poursuivait encore
de sa haine. A quelque temps de là, le héros tue, sans
le vouloir, un des membres de sa nouvelle famille. Exilé
conformément à la loi, il part avec sa femme et se dirige
vers le pays de Trachine, au pied du mont Œta. Sur les
bords du fleuve Événos, il se rencontre avec le centaure
Nessus, qui faisait traverser les eaux aux voyageurs en
les portant sur son dos d'une rive à l'autre. Le centaure lui offre ses bons offices. Mais quand il a passé
Déjanire, le traître se sauve à toutes jambes et l'emporte,
laissant Hercule sur le bord opposé. Le héros, qui de
loin voit le rapt, prend son arc, vise Nessus et le perce
de son trait. Frappé à mort, le centaure s'abat sur le sol ;
mais, avant de mourir, il trempe sa riche tunique dans
le sang qui coule de sa blessure et que le trait a rendu
venimeux, et la remet à Déjanire en lui recommandant
de l'envoyer à Hercule, si jamais elle s'apercevait que
son époux lui devînt infidèle : ce serait, assurait-il, un
infaillible talisman pour lui ramener le cœur du volage.
Hercule cependant ne tarde pas à rejoindre sa femme,
et tous deux arrivent à Trachine. Là, enfin, le héros
parvient à rassembler une armée, et alors il se met en
campagne contre Eurytus. Il pénètre dans l'Œchalie,
met la province au pillage, massacre le roi et ses fils,
puis il emmène en captivité la princesse Iole.

Or, voilà quinze mois qu'il est parti de Trachine, et

Enlèvement de Déjanire par le centaure Nessus.

que sa femme l'attend dans l'inquiétude. Il aborde en
Eubée, y élève un autel à Jupiter, et, désirant offrir
un sacrifice au dieu, députe le héraut Lichas au pied de
l'OEta, pour qu'il demande à Déjanire une robe de fête.
Dans la conversation, la malheureuse apprend qu'Iole
est la captive de son époux : subitement prise de jalousie, elle remet à Lichas la tunique fatale du centaure.
Hercule s'en revêt et offre au dieu son sacrifice; mais,
peu à peu, le venin de l'hydre pénètre la chair, et la
ronge, et la fait tomber en pourriture. Le héros, affolé,
veut arracher la tunique : elle lui tient au corps, et
avec l'étoffe il arrache des lambeaux de sa chair. Fou
de douleur, il saisit Lichas par les pieds et le lance dans
les flots. Alors il se fait transporter à Trachine, où
Déjanire se tue de désespoir, et, gravissant les hauteurs
de l'OEta, il ordonne à Philoctète, son compagnon (1),
d'élever un bûcher, puis d'y mettre le feu quand il y sera
monté. Cela dit, il enfouit ses flèches dans la terre, à
l'endroit même où il veut que ses cendres soient dépo-
sées, fait jurer à son ami de ne jamais révéler le lieu
de sa sépulture, lui lègue toutes ses armes, remet Iole
à son neveu Hyllus, et, tranquille, rasséréné malgré les
tourments qu'il endure, monte et s'allonge sur le bois. Or,
tandis que le bûcher flambait, un fleuve sortit de terre et
s'en vint apporter quelque soulagement aux souffrances
du demi-dieu. Un nuage énorme enveloppa la victime,
et remonta vers le ciel, chargé du poids auguste, au milieu
de bruyants éclats de tonnerre. Le grand Jupiter lui-
même s'en vint au-devant d'Hercule et l'introduisit dans
l'Olympe, où il lui conféra, en même temps que l'immortalité, la possession de la gracieuse Hébé, la propre fille
de Junon.

(1) Voir *Héros grecs de l'Iliade*, p. 221.

Hercule sur le bûcher.

Les Héraclides. — Après la mort du héros, les Héraclides, ses nombreux fils, persécutés par Eurysthée et contraints de quitter Mycènes, se réfugièrent à Trachine, d'où leur ennemi les vint encore déloger. Partout repoussés, ils avaient enfin reçu bon accueil sur la terre de l'Attique, quand Eurysthée reparut. Une bataille s'engagea, où le persécuteur de cette race infortunée trouva la mort. Alors les Héraclides reprirent le chemin de leur Péloponnèse, et cependant il ne leur fallut pas moins de cinq expéditions successives pour pouvoir s'y établir définitivement.

Hercule Farnèse.

Statue antique, par Glycon d'Athènes (Musée des Études, Naples).

La statuaire représente généralement Hercule vêtu d'une peau de lion. Ses armes sont la massue et l'arc. La tête et les yeux, comparés au reste du corps, sont petits; les cheveux épais et crépus, le cou large,

épais et musculeux, l'expression de la figure grave et
sérieuse. Les épaules, les bras, la poitrine, les cuisses
révèlent une force surhumaine et décèlent les pénibles
travaux du héros.

Cadmus.

Petit-fils de Neptune, Agénor, roi de Phénicie, avait
au nombre de ses enfants, Europe et Cadmus. Europe

Enlèvement d'Europe par Jupiter.
Pierre gravée antique.

était si belle et d'une blancheur si éclatante, que l'on
disait qu'une des compagnes de Junon avait dérobé un
pot de fard sur la toilette de cette divinité pour le donner à la princesse. Jupiter la vit, et, désireux d'en faire
sa femme, résolut de l'enlever. — Il prend la forme d'un

taureau et vient se mêler aux troupeaux d'Agénor. Europe, frappée de la douceur et de la beauté de cet animal, ne craint pas de l'approcher. Elle le flatte de la main, lui donne des herbes qu'elle a cueillies, entoure ses cornes de guirlandes. Le taureau se baisse, et la jeune fille, confiante, s'installe sur sa croupe. Mais aussitôt la bête se relève, s'élance vers la mer, passe les flots à la nage, emportant sa proie vers la Crète. Elle pénètre dans l'île par l'embouchure du Léthé, et, remontant le cours du fleuve, aborde enfin sur la rive et prend terre au pied d'un platane. Jupiter rentre alors dans sa forme de dieu, et, ayant épousé celle qu'il aimait, il eut d'elle Minos et Rhadamanthe (1).

Cependant Agénor donnait l'ordre à ses fils de partir à la recherche de leur sœur, et leur défendait de jamais revenir sans elle. Cadmus partit donc à la tête d'une flotte nombreuse, et tout d'abord il aborda dans l'île de Rhodes, où il éleva un temple à Neptune pour se rendre le dieu favorable. Il parcourut ensuite Samothrace et la Thrace, mais, n'y trouvant aucune nouvelle de sa sœur, il consulta l'oracle de Delphes, qui lui ordonna de cesser ses recherches et de bâtir une ville à l'endroit où s'arrêterait une vache qu'il devait rencontrer. Et en effet il rencontra, dans le pays des Phocéens, une vache qu'il suivit jusqu'en Béotie. Comme elle s'arrêtait là, il s'en rendit maître et l'offrit en sacrifice à Minerve. Puis, ayant besoin d'eau pour se purifier, il envoya ses compagnons en quête d'une fontaine. Ils arrivèrent bientôt à la source sacrée de Dircé (2), mais, comme ils s'apprêtaient à y puiser, un horrible dragon s'élança, qui

(1) Voir *Minos*, p. 209.
(2) Voir *Amphion*, p. 122.

en avait la garde, et les dévora. — Cependant Cadmus,
impatient, venait à leur rencontre : il aperçoit le monstre
ensanglanté et ne doute pas que ce terrible animal ait
massacré ses compagnons. Alors, avec le secours de
Minerve, il fond sur le dragon et le tue, puis, sur les
conseils de la déesse, il en sème les dents sur la terre.
O prodige! Il voit surgir du sol des hommes armés qui
l'assaillent de toutes parts; mais lui, toujours inspiré par
Minerve, lance une pierre au milieu d'eux, et soudain les
combattants, tournant leurs armes les uns contre les autres, s'entr'égorgent, à l'exception de cinq, qui l'aidèrent,
par la suite, à bâtir la ville de Thèbes à l'endroit même
où la vache s'était arrêtée. Cadmus reçut de Minerve la
royauté de la ville nouvelle, et épousa Harmonie,
fille de Mars et de Vénus, dont il eut pour fille
Sémélé, mère de Bacchus, et Ino (1). Les dieux assis-
tèrent à la noce. Cérès lui donna le blé, Mercure la lyre,
Minerve un collier, un peplos (2) et la flûte, Vénus lui
enseigna le culte de Cybèle. Et c'est ainsi que Cadmus
devint le chef de la civilisation béotienne, transmettant
aux hommes ce qu'il avait reçu des dieux. — On dit
qu'un oracle lui ayant appris que sa postérité était
menacée des plus grands malheurs, il se bannit pour ne
pas en être témoin, et se retira en Illyrie, où les dieux le
métamorphosèrent en serpent.

Amphion.

Un certain Lycus, roi de Thèbes, avait pour femme
Antiope, mais l'ayant soupçonnée, bien à tort, de ne pas
lui être fidèle, il la répudia, prit pour femme Dircé, et

(1) Voir *Argonautes*, p. 143.
(2) On appelait ainsi le manteau léger que les femmes portaient
sur leur tunique.

mit Antiope sous la garde de sa nouvelle épouse, qui ne cessa de maltraiter l'autre cruellement. Un jour, cependant, les liens dont on avait chargé la malheureuse se brisèrent d'eux-mêmes : c'était l'œuvre de Jupiter, qui, la prenant en pitié, la délivrait ainsi, et la transportait lui-même sur le mont Cithéron, où il l'épousait. Antiope donna le jour à deux fils jumeaux qu'elle exposa sitôt après leur naissance. Les jeunes enfants, sur qui Jupiter veillait en secret, furent trouvés par un pâtre et nommés par lui Amphion et Zéthus. Amphion, doté d'une lyre par Apollon, devint poète ; Zéthus se fit chasseur.

Les années s'écoulèrent, et le pâtre qui les avait élevés jugea qu'il était temps de leur révéler le secret de leur naissance. Alors, à la tête d'une troupe, ils marchèrent contre Thèbes, s'emparèrent de la ville et tuèrent Lycus. Quant à Dircé, ils la firent périr en l'attachant aux cornes d'un taureau indompté ; mais Bacchus, qu'elle avait toujours honoré d'un culte particulier, recueillit le cadavre et le métamorphosa en une source qui prit le nom de la victime. Les deux frères s'installèrent ensuite sur le trône et entourèrent la ville de murs. L'ouvrage leur fut aisé, dit-on. Comme Zéthus soulevait sur ses épaules un énorme quartier de rocher, Amphion, pour lui donner du cœur, eut l'idée de jouer de la lyre. La pierre, tout aussitôt, sensible à cette harmonie, vint d'elle-même se ranger à sa place. Une autre, deux fois plus lourde, suivit la première. Et c'est ainsi que, pierre à pierre, l'enceinte fut construite sans l'intervention de la main humaine.

Quelques années plus tard, au retour de l'expédition des Argonautes, Amphion épousait Niobé, la fille de Tantale, qui lui donnait successivement quatorze enfants,

Niobé s'efforce de protéger une de ses filles contre les traits
de Diane.

sept garçons et sept filles. Fière de sa fécondité, elle commit alors l'imprudence de se préférer à Latone, mère d'Apollon et de Diane ; elle s'opposa même au culte que l'on rendait à la déesse et voulut recevoir l'adoration des peuples. Latone, indignée de cet orgueil, se plaignit à ses deux enfants, qui, sans tarder, descendirent de l'Olympe pour venger leur mère outragée. L'occasion ne se fit pas attendre. Un jour que les sept frères se livraient tous ensemble au plaisir de la chasse, Apollon survint et les perça de ses flèches. Aux cris poussés par les malheureux, leurs sœurs accoururent, et, à leur tour, tombèrent sous les traits invisibles de Diane. Niobé enfin sortit comme une folle de son palais, mais, à la vue des quatorze cadavres qui jonchaient le sol, elle demeura pétrifiée sur place. Neuf jours durant, les corps restèrent étendus dans leur sang. Le dixième jour seulement, les dieux, touchés de compassion, leur donnèrent eux-mêmes la sépulture, et changèrent Niobé en un rocher d'où l'eau s'écoule nuit et jour, symbole de ses larmes et de sa douleur éternelle.

Quant à Amphion, il conçut un tel désespoir de la perte de ses enfants, qu'il se donna volontairement la mort.

Œdipe.

Labdacus, roi de Thèbes, petit-fils de Cadmus, avait pour fils Laïus, dépossédé du trône par Lycus, son grand-oncle. Lycus tué par Amphion, Amphion mort à son tour, Laïus rentra en possession de la couronne et prit pour femme Jocaste, fille de Mœnécée et sœur de Créon. L'oracle ayant prédit que le fils qui naîtrait de cette union tuerait un jour son père et épouserait sa mère, Laïus, pour conjurer le destin, perça les pieds de l'enfant que sa femme venait de mettre au monde, les réunit par un lien solide, et donna l'ordre qu'on exposât le nouveau-né sur le mont Cithéron, en le suspendant à une branche d'un arbre. Jocaste chargea de cette affreuse commission un esclave qui gardait sur cette montagne les troupeaux du roi. Mais l'homme s'émut à la vue du faible enfant, et, enfreignant l'ordre qu'il avait reçu, confia le bébé royal à un berger de ses amis qui faisait paître, dans le voisinage, les troupeaux du roi de Corinthe. Ce berger porta l'enfant à ses maîtres, Polybe et Mérope, qui l'adoptèrent, et lui donnèrent le nom d'Œdipe, c'est-à-dire *pieds enflés*.

A quelques années de là, le jeune Œdipe, qui avait toujours considéré que le roi et la reine étaient ses véritables parents, entendit un jour, au milieu d'un festin, un homme ivre qui tenait à ses voisins de tels propos qu'il en vint à concevoir lui-même des doutes sur la légitimité de sa naissance. Il partit consulter l'oracle de Delphes, mais le dieu lui confirma simplement que, s'il retournait dans sa patrie, il tuerait son père, épouserait sa mère, et donnerait naissance à une race exécrable. Justement effrayé, Œdipe, au lieu de retourner à

Corinthe, dirigea ses pas vers la Béotie. Arrivé à Daulis,
à l'endroit où la route qui vient de Delphes se rejoint à
celle qui va sur Thèbes, il rencontra, dans cet étroit
passage, un char qui lui barrait le chemin. Le voyageur

Œdipe et le Sphinx.

qui était dans le char, un homme à cheveux blancs, lui
intima, d'une voix impérieuse, l'ordre de se retirer.
Blessé du ton, Œdipe refusa d'obéir. Le héraut et son
maître voulurent alors l'écarter avec violence. Dans sa
colère, il frappa le cocher. A cette vue, le vieillard, pro-

fitant du moment où le jeune homme passait à sa portée,
lui cingla le visage de son fouet garni d'un double aiguil-
lon. Œdipe bondit sous l'outrage, et, s'armant de son
bâton, il en assomma le vieillard qui, tombant à la ren-
verse, roula au milieu du char ; puis il massacra toute la
suite des serviteurs. Cela fait, il continua sa route. — Il
arriva devant Thèbes, aux portes de laquelle un Sphinx
accroupi se redressait à l'arrivée des passants, dévorant
tous ceux qui n'arrivaient point à résoudre les énigmes
qu'il proposait.

Or, à cette époque, Laïus venait de mourir assassiné,
mais nul ne connaissait le meurtrier du roi. Son beau-
frère, Créon, avait pris en main les rênes du gouvernement, et, dans la désolation où se trouvait la cité des
ravages causés par le Sphinx, il avait publié dès l'abord
qu'il promettait la main de Jocaste et le pouvoir souverain à celui qui les délivrerait du fléau. Œdipe, ayant
eu connaissance de cet édit, tenta l'aventure et se présenta devant le Sphinx. C'était un monstre ailé, au visage
de femme et au corps de lion, que Junon avait envoyé
contre les Thébains pour châtier le feu roi d'un crime
impuni : « Quel est, dit le Sphinx à Œdipe, l'animal
qui a quatre pieds le matin, deux à midi et trois le soir ?
— C'est l'homme, répondit Œdipe sans hésiter ; car, dans
son enfance, il se traîne sur les pieds et sur les mains ; dans
son âge mûr, il marche sur ses deux pieds seulement ;
et, dans sa vieillesse, il s'appuie sur un bâton. » De
rage, le Sphinx alla se jeter dans les flots.

Œdipe vainqueur devint donc le roi de Thèbes et l'époux
de Jocaste. De cette union monstrueuse naquirent deux
filles, Antigone et Ismène, et deux fils jumeaux, Étéocle
et Polynice, dont la tradition rapporte qu'ils se haïssaient
avant même de se pouvoir connaître.

Cependant, au bout d'un certain nombre d'années, une épidémie se déclara dans la ville et dans ses faubourgs; et l'oracle, consulté par Créon, fit savoir à tous que le territoire de la cité était souillé par la présence du meurtrier de Laïus, et que le fléau ne cesserait que lorsque les Thébains auraient chassé le criminel. Sans tarder, Œdipe se livre à l'enquête la plus minutieuse; il s'y donne avec ardeur, avec acharnement, et, peu à peu, par étapes insensibles, il arrive à la découverte stupéfiante de toutes les horreurs qui, sans qu'il l'ait voulu ni supposé, se sont accumulées sur sa tête. Ce vieillard qu'il tua près de Daulis, c'était Laïus, c'était son père. Cette reine qu'il avait épousée, c'était sa propre mère. A la nouvelle de ces abominations, Jocaste, folle de honte et de désespoir, se pend avec sa ceinture, et lui-même, arrachant les agrafes du manteau de cette infortunée, tout à la fois sa mère et son épouse, s'en crève les yeux pour ne plus voir la lumière (1).

Le voilà donc condamné à l'exil. Créon a prononcé la sentence. Ses fils pouvaient du moins l'accompagner; ils ne le firent pas, et demeurèrent pour jouir du pouvoir à tour de rôle. Alors, guidé seulement par sa fille Antigone — Ismène fut retenue par ses frères — Œdipe partit pour la terre étrangère, appelant dans sa douleur sur ses deux fils la colère des dieux.

Un oracle, cependant, ne tarda point à annoncer aux Thébains que le peuple qui posséderait Œdipe, ou sa cendre, serait vainqueur de ses ennemis. Aussitôt Créon fut député vers lui pour le supplier de revenir. Il le rencontra dans l'Attique, au bourg de Colone, près d'Athènes, non loin d'un bois consacré aux Euménides et interdit aux

(1) Sophocle : *Œdipe roi.*

profanes. Mais Ismène avait devancé son oncle et prévenu
son père de la demande intéressée qu'on se proposait de
lui transmettre. — Aux ouvertures de Créon, Œdipe ne
répond qu'avec des paroles de colère. L'autre veut
recourir à la force : il fait enlever les deux sœurs par
ses gens, et se dispose à les emmener, quand, aux cris
aigus qu'elles poussent, des Athéniens accourent, suivis
du roi Thésée, qui reprend à Créon les deux filles d'Œdipe,
et le chasse de son territoire.

Au même instant arrive Polynice. Il avait été
convenu entre lui et son frère qu'ils exerceraient le
pouvoir à tour de rôle pendant un an, mais Étéocle,
une fois sur le trône, avait refusé d'en descendre.
Polynice, exilé de Thèbes, avait donc réuni une nombreuse armée, à la tête de laquelle il se disposait à
reconquérir sa royauté ; toutefois, connaissant l'oracle
rendu au sujet d'Œdipe et voulant assurer le succès à
sa cause, il venait conjurer son père de prendre parti
pour lui. Il le supplie en termes pressants et désespérés,
mais Œdipe, sans se laisser attendrir, le renvoie dure-
ment, et en renouvelant même les imprécations qu'il
avait lancées autrefois contre les deux frères.

A peine Polynice s'est-il éloigné, que le tonnerre se
fait entendre. A ce signal, Œdipe connaît que sa mort
est proche. Toutefois, lavé de ses crimes involontaires
par ses tortures physiques et morales, il la voit arriver
sans épouvante. Il sait qu'il ne fut qu'un instrument entre
les mains des dieux, et que ces mêmes dieux vont lui
accorder tout à l'heure une mort glorieuse et la fin
calme du juste. Il fait appeler Thésée, pénètre avec
lui tout seul dans le bois sacré des Euménides, et là, au
milieu de la foudre et des éclairs, disparaît subitement,
d'une manière mystérieuse, laissant aux Athéniens,

pour prix de leur généreuse hospitalité, son tombeau qui doit les rendre à jamais vainqueurs des Thébains (1).

Cependant Polynice, accompagné des sept chefs qu'il avait engagés dans son entreprise, venait mettre le siège devant Thèbes, et, comme les choses traînaient en longueur, il faisait proposer à son frère un combat singulier dont la royauté serait le prix. Le duel eut lieu sous les murs de la ville. Au premier choc Polynice frappa mortellement Étéocle, mais, ayant eu la cruauté de se baisser pour narguer de plus près sa victime, il en reçut lui-même un coup mortel. Et ainsi périrent *les frères ennemis* (2).

Alors Créon s'empara du pouvoir, et fit publier un édit, d'après lequel Étéocle, qui, disait-il, avait combattu pour la défense du pays, aurait seul les honneurs de la sépulture. Quiconque tenterait d'ensevelir Polynice devait subir la peine de mort. Antigone eut pitié de son frère, et, malgré les conseils trop prudents d'Ismène, aima mieux être agréable aux dieux d'en haut qu'aux puissants de la terre : elle donna la sépulture au pauvre corps abandonné. Créon la fit saisir et enterrer vivante; mais il en fut douloureusement puni. Son fils Hémon, qui aimait la jeune fille et qui s'était vainement opposé à son supplice, irrité contre son père, se coupa la langue avec les dents, la lui cracha au visage, et se tua sous ses yeux. Sa femme, désespérée d'avoir perdu un fils qui lui était cher, se frappa elle-même d'un coup mortel (3).

On ne sait ce que devint Créon.

(1) Sophocle : *Œdipe à Colone.*
(2) Eschyle : *Les Sept contre Thèbes.*
(3) Sophocle : *Antigone.*

III. — Légende de l'Étolie.

Méléagre.

Œnée, roi d'Étolie, offrait un jour un sacrifice aux divinités de l'Olympe pour les remercier de lui avoir donné une heureuse et féconde récolte. Distrait sans doute, il oublia, dans ses actions de grâces, de prononcer le nom de Diane. La déesse, irritée, suscita aussitôt un sanglier terrible qui ravagea toutes les terres du roi. Or, Œnée avait un fils, Méléagre. Sept jours après la naissance de ce fils, Althée, sa mère, avait aperçu les trois Parques auprès du feu, et les Parques avaient pris la parole tour à tour : Clotho prédisait que l'enfant aurait de la vaillance ; Lachésis, qu'il serait doué d'une force extraordinaire ; Atropos, qu'il serait invulnérable, et vivrait aussi longtemps que durerait le tison qui brûlait alors dans le feu. Puis elles s'étaient retirées. Althée n'avait fait qu'un bond vers le foyer, s'était emparée du tison déjà flambant, l'avait éteint, et gardé soigneusement. — Méléagre cependant était dans la fleur de l'adolescence, quand apparut sur la terre de Calydon le sanglier divin. Il assembla de toutes les cités voisines un grand nombre de chasseurs et de chiens, et se mit en campagne contre le monstre. Entre autres héros qui prenaient part à cette expédition se trouvaient Castor et Pollux, Thésée, Jason, Pirithoüs, les propres oncles de Méléagre, frères de sa mère, et la belle Atalante (1). Les voilà tous partis. On rencontre la bête. Atalante, la première, blesse l'animal d'un coup de flèche dans le dos. Un autre chasseur

(1) Voir *Atalante*, p. 201.

lui crève l'œil. Méléagre enfin le tue en lui transperçant le côté. C'était donc lui le vainqueur, c'était à lui que revenait, selon la promesse d'OEnée, la dépouille du sanglier. Séduit par le courage et la beauté d'Atalante, il offre la hure à la jeune vierge. Mais ses oncles se fâchent : ils s'indignent qu'en présence de tant d'hommes, une telle récompense soit donnée à une femme ; ils se prétendent déshonorés. Si Méléagre ne veut point garder la hure pour lui-même, c'est à eux que, par droit de naissance, elle revient. La querelle s'envenime : Méléagre les frappe, et les tue. — Alors, pour venger la mort de ses frères, Althée s'en va reprendre dans sa cachette le tison fatal et le jette au feu. Méléagre aussitôt se sent dévorer les entrailles, et rend le dernier soupir avec la dernière étincelle du tison. Althée, voyant son fils mort, se tue de désespoir.

C'est de la seconde femme d'OEnée, Péribée, que naquit Tydée, père du héros Diomède, roi d'Argos, celui-là même qui prit une si grande part à la guerre de Troie.

IV. — Légendes de la Thessalie.

Centaures et Lapithes.

Les Centaures. — Les *Centaures*, race d'hommes brutale et gigantesque, habitaient dans la Thessalie les hauteurs des monts Ossa et Pélion. Chasseurs de taureaux, — c'est le sens propre de leur nom, — ils menaient, à demi-nus et couverts de poils, une vie sauvage et adonnée au vin. Ils avaient pour armes des troncs d'arbres, des rochers, des tisons ou des lances. Le centaure Chiron seul se servait de l'arc. Leur nourriture se composait de viande crue. — Ce n'est que plus tard qu'on a représenté les centaures comme des êtres hybrides, monstres d'ailleurs admirables avec leur buste d'homme et leur croupe de cheval (1). Chiron lui-même, celui qu'on nomme *Le Sage*, est toujours figuré de la sorte. Ce Chiron, fils de Saturne et de la nymphe Philyre, connaissait beaucoup de choses : la chasse, la médecine, la gymnastique et la divination. C'est à lui que furent confiés tour à tour tous ces jeunes héros qu'il éleva sur le mont Pélion : Achille, Jason, Esculape, Thésée, Nestor, Méléagre, Hippolyte, Ulysse, Diomède, Castor et Pollux, Énée, Pélée, son favori entre tous, et tant d'autres encore. Très lié aussi avec Hercule, qui fut son hôte pendant quelque temps, il lui arriva néanmoins de périr par la faute involontaire de son grand ami. Tandis qu'il examinait les flèches empoisonnées du héros, il en laissa par mégarde tomber une, qui lui perça le pied. Tous les remèdes furent impuissants contre le venin de l'hydre : il mourut, en léguant son immortalité à Prométhée, et Jupiter le trans-

(1) Voir la gravure de la page 115.

porta dans le ciel, où il figure sous la constellation du *Sagittaire*.

Les Lapithes. — Dans le voisinage des Centaures habitaient les *Lapithes*, dont la principale occupation consistait à monter à cheval : ils avaient inventé, disait-on, l'usage du mors. Les Lapithes avaient pour roi Ixion, homme farouche et cruel. Au moment de se marier, Ixion avait promis à son futur beau-père de riches présents en échange de sa fille ; mais, une fois marié, il s'était refusé à tenir sa parole. Le beau-père se paya en lui prenant ses chevaux. L'autre, pour se venger, feignit une réconciliation : il attira chez lui le père de sa femme, puis, traîtreusement, le fit tomber par une trappe dans une fosse remplie de charbons ardents. Contraint de s'expatrier, mais repoussé de toutes parts, et ne sachant plus où poser sa tête, il s'en fut implorer Jupiter au pied de ses autels. Le dieu, touché de ses remords, fut assez généreux pour lui pardonner et l'admettre à sa table. Ixion cependant n'eut pas plus tôt pris place au banquet divin, qu'ébloui de la beauté de Junon, il se promit de l'enlever à son époux. Jupiter s'aperçut de la fourbe ; d'un coup de foudre il précipita l'audacieux au fond du Tartare, et l'y fit solidement garrotter par Mercure, au moyen de serpents, sur une roue qui devait tourner sans relâche.

Pirithoüs, son fils, lui avait succédé sur le trône. Or, le jour de ses noces étant venu, il avait invité aux réjouissances qu'il donnait à cette occasion l'un des Centaures, son parent. Par malheur, il oublia, dans les libations du début, d'offrir les prémices du festin au dieu Mars. Le dieu, courroucé, médita sa vengeance. Et en effet, le centaure, grisé par les fumées du vin, ne tarda pas à porter la main sur la jeune épouse, et déjà même il se

disposait à l'enlever, si Thésée, le fidèle ami de Pirithoüs,
ne la lui eût reprise de force. Au bruit de la dispute, les
autres Centaures accourent, et le combat devient général : un des convives tombe sous les coups des géants.
Cette mort redouble la fureur des Lapithes. Conduits par
Thésée et Pirithoüs, ils fondent sur leurs adversaires,
les poursuivent, les chassent de leurs retraites, et les
Centaures, repoussés hors de la Thessalie, vont se cacher
sur les bords du Pinde, aux frontières de l'Épire. C'est là
qu'Hercule, se rendant à Érymanthe, eut maille à partir
avec eux, c'est de là qu'à son tour il les refoula jusqu'au
fin fond de la Grèce (1).

Pélée.

Éaque, fils de Jupiter et d'Europe, gouvernait l'île
d'Égine avec tant de justice, de clémence et de piété que
les dieux l'avaient pris en affection particulière. La Grèce
se trouvant affligée d'une terrible sécheresse, Éaque supplia les divinités de mettre un terme au fléau ; et ses
prières furent aussitôt exaucées. — Une querelle s'était
élevée dans l'Olympe : on le prit pour arbitre ; et le diffé-
rend fut tranché à la satisfaction de tous. — Égine vint
à être dépeuplée par la famine. Resté seul, Éaque pria
Jupiter de changer en hommes les fourmis qui se trouvaient sur un chêne dédié à ce dieu ; et des hommes
apparurent, qu'il appela *Myrmidons*, du nom qui désigne
en grec la fourmi (*murmex*). Après sa mort, il mérita
d'être placé au nombre des trois juges des Enfers, dont il
avait les clefs sous sa garde.

Éaque eut pour fils Pélée, dès sa naissance chéri des
immortels, Télamon et Phocus, ce dernier né d'un second

(1) Voir *Hercule* : 4 : p. 104.

lit. Les deux aînés, jaloux de leur frère, qui se distinguait par son adresse en toute sorte d'exercices, résolurent de le tuer. Un jour que Pélée luttait avec lui au jeu du disque, il lui jeta le lourd métal à la tête et l'abattit. Télamon l'acheva d'un coup d'épée. Les deux meurtriers furent condamnés à l'exil.

Télamon s'enfuit à Salamine, où il épousa la fille du roi, en attendant qu'il succédât lui-même à son beau-père. Devenu vieux, il envoya ses deux fils, Teucer et Ajax, combattre en Troade sous les ordres d'Agamemnon. L'un et l'autre s'y distinguèrent, surtout Ajax, le bras droit de l'armée grecque ; mais, après la mort d'Achille devant Troie, ce héros, furieux de voir que les Grecs avaient fait passer les armes du défunt aux mains de l'artificieux Ulysse, et non point aux siennes, se tua dans un accès de folie, et Teucer s'en revint seul au pays. Le malheureux y fut accueilli par la malédiction de son père, qui le repoussa pour n'avoir pas vengé son frère mort, ou, tout au moins, rapporté ses os. Teucer se réfugia dans l'île de Chypre, et plus tard en Espagne, où il fonda la ville de Carthagène.

Après le meurtre de Phocus, Pélée s'était enfui dans la ville de Trachine, en Thessalie, s'y était marié avec Antigone, la fille du roi, et recevait par surcroît le royaume de Phthiotide en bien propre. Il n'avait point tardé d'ailleurs à perdre sa jeune femme, à qui des propos calomniateurs avaient pu faire supposer que son époux lui était infidèle : elle s'était pendue de chagrin. C'est alors qu'il épousa en secondes noces la nymphe Thétis, fille de Nérée, le dieu marin. Cette déesse était fort belle, si belle que Jupiter et Neptune convoitaient l'un et l'autre sa main ; mais la prophétique Thémis ayant un jour révélé, dans l'assemblée des dieux, que de la vierge naîtrait un

fils qui serait plus puissant que son père (1), les deux divinités renoncèrent à leur projet. Jupiter décida que Thétis
épouserait un mortel. La déesse marine déclara tout net
qu'elle se refusait à accepter un arrêt aussi humiliant et
injuste, et qu'elle userait de tous ses artifices pour se
dérober aux poursuites des prétendants. Pélée toutefois
voulut tenter la conquête de la nymphe. Il s'en ouvrit à
son maître Chiron, et, grâce aux sages et avisés conseils
du fidèle Centaure, il triompha de la rebelle. Vainement
elle essaya d'échapper aux étreintes de l'audacieux en
se transformant tour à tour en feu et en eau, en lion et
en serpent. Pélée, sans se laisser ni effrayer ni décou-
rager, dompta successivement chacun des monstres qui
se dressait devant lui, jusqu'à ce qu'enfin il emporta
dans ses bras victorieux la glorieuse et belle épouse qu'il
venait de conquérir.

Les noces furent magnifiques et somptueuses. Toutes
les divinités de l'Olympe descendirent sur les sommets
du Pélion, dans la grotte du bon Centaure, où s'étalait
la table du festin. Le malheur voulut que la Discorde
seule eût été oubliée. Cette déesse, irritée, apparut
soudainement au milieu des convives, et jeta sur
la table une pomme d'or portant cette inscription :
A la plus belle. Junon, Vénus et Minerve s'en disputèrent aussitôt la possession, et l'acharnement fut tel que
Jupiter lui-même crut devoir intervenir. Il chargea Mercure de conduire les rivales en Phrygie, sur le mont Ida,
où le beau Pâris gardait les brebis, et de prier le jeune
homme de faire connaître son jugement, qui ferait loi.

Ce Pâris, ou Alexandre, était le fils de Priam, roi de
Troie. Quelques jours avant sa naissance, Hécube, la
reine, ayant rêvé qu'elle mettait au monde un flambeau

(1) Voir à ce sujet une autre légende : *Prométhée*, p. 88.

qui incendiait la ville, Priam avait demandé aux devins
l'explication de ce prodige. Les devins déclarèrent que
l'enfant qui allait naître causerait la ruine de sa patrie,
et qu'il fallait l'exposer. Hécube chargea de ce soin le
berger Agélaüs, qui déposa le nouveau-né sur une roche
de l'Ida. Cinq jours plus tard, le berger, repassant au
même lieu, vit une ourse qui allaitait le jeune Pâris.
Frappé de cette conservation miraculeuse, Agélaüs reprit
l'enfant et l'éleva sur la montagne avec son propre fils.
C'est là, parmi les bois et les troupeaux, que grandissait
le fils de Priam, beau et fort comme un dieu de l'Olympe.

Mercure, suivi des trois déesses, s'en vint donc le trouver. Junon promit au berger la fortune et l'empire de
l'Asie; Minerve, la sagesse et la gloire; Vénus lui promit
de le mettre en possession d'une femme admirable,
d'Hélène, épouse du roi grec Ménélas, et célèbre alors
par sa beauté. Et Vénus l'emporta.

Ce jugement devait être bientôt après la cause de la
ruine de Troie.

De l'union mémorable de Thétis et de Pélée naquit un
fils, Achille, que sa mère, voulant le rendre invulnérable
et immortel, plongea, dit-on, dans les eaux du Styx. Elle
ne s'aperçut point cependant que le talon, par où elle
tenait son fils, n'était point humecté par l'eau du fleuve,
et c'est, hélas! par le talon qu'Achille devait un jour
recevoir la mort. — Une autre tradition, plus accréditée
chez les Anciens, raconte que Thétis, pour détruire en
son enfant tous les germes de mortalité, le cachait dans
le feu, pendant la nuit, à l'insu de Pélée. Au lever du jour,
elle parfumait son corps d'ambroisie. Le manège ne put
échapper longtemps à l'œil de l'époux, et un soir, à la
vue du nouveau-né que sa mère venait de disposer au-

dessus de la flamme, il poussa un cri de terreur. Thétis, ne pouvant achever son dessein, abandonna son mari et son fils pour se retirer dans les profondeurs de l'Océan, auprès des Néréides, ses sœurs.

L'éducation d'Achille fut confiée au centaure Chiron, qui le nourrit de la moelle des sangliers et des ours, des entrailles des lions, et lui enseigna, en même temps que l'art de la chasse et toutes les pratiques de la vie sauvage, la pratique, plus difficile encore, de la vertu. Achille était âgé de neuf ans, quand le devin Calchas — ce devin plusieurs fois centenaire et aveugle qui se trouve mêlé à la plupart des grands faits de la Grèce préhistorique — vint à prédire que la ville de Troie, contre laquelle tous les Grecs assemblés se disposaient à partir en guerre, ne pourrait être prise sans lui. A cette nouvelle, Thétis s'émeut du fond de sa demeure; elle tremble pour la vie de son fils (1), elle accourt, le cache sous des vêtements de femme, et va le présenter, ainsi travesti, à la cour de Lycomède, roi de Scyros, qui accueille l'enfant et le fait élever avec ses propres filles. — Cependant les Grecs ont député Ulysse au royaume de Phthiotide pour en ramener celui que proclament les destins. Ne l'y trouvant pas, Ulysse consulte Calchas et apprend de lui en quel lieu il se trouve. Alors, déguisé lui-même en marchand, il se rend à la cour de Scyros, se fait introduire auprès des filles du roi, et, sous leurs yeux ravis, étale des parures, de riches tissus et des joyaux. Achille, lui aussi, regarde, touche et admire. Tout à coup, au milieu de tous ces ornements féminins, il aperçoit une épée, qu'Ulysse y avait adroitement dissimulée. Le jeune homme la saisit avec ardeur et d'un geste qui trahit son sexe. Au même

____

(1) Cela prouve bien que la légende du talon n'est pas la bonne.

instant, suivant des ordres donnés en secret par Ulysse, un son de trompette éclate dans la cour du palais, et l'on entend un froissement d'armes. Achille s'élance avec impétuosité dans le vestibule, y voit une pique, déposée là tout exprès par le rusé roi d'Ithaque ; il s'en empare et se précipite dans la cour. Le héros était reconnu : il promit aux Grecs son concours et partit avec eux. Sa mère lui donna en pleurant des armes forgées par Vulcain, et lui prédit, en guise de recommandation, que la longueur de sa vie serait en proportion du peu d'éclat de sa renommée. Vaines paroles : Achille devait préférer une vie courte et glorieuse à des jours longs et sans gloire.

Il s'embarqua sur une flotte de cinquante vaisseaux, à la tête des sujets de son père, que l'on appelait, comme ceux d'Éaque, les Myrmidons (1). Toutefois, avant de quitter le littoral de la Grèce, et en attendant que les vents se montrassent favorables, il voulut en quelque sorte se faire la main : il alla rétablir le calme dans la Thessalie révoltée, détruisit douze villes avec le secours de sa flotte, et onze autres avec son armée de terre. — C'est au cours de ces victoires qu'un jour il aborda dans l'île de Lesbos et détruisit Méthymne : la ville résistait énergiquement, et il n'y entra qu'à la faveur du fol amour que conçut pour lui Pélias, fille du roi de ce pays. Le héros, d'ailleurs, pour la punir d'avoir trahi son père, la fit lapider.

On partit donc. Au nombre de ses compagnons se trouvaient Phénix et Patrocle, ses amis préférés. — Phénix était le fils d'un Thessalien. Son père, dans un jour d'aveugle et injuste colère, l'ayant maudit et exilé, il s'était réfugié à la cour de Pélée, qui lui avait confié le gouvernement du pays des Dolopes et l'éducation de son fils Achille, déjà

(1) Voir plus haut, p. 135.

Vulcain, à la prière de Thétis, forge des armes pour Achille.

aux mains du centaure Chiron. Il avait enseigné à l'enfant l'éloquence et la guerre, et, se dévouant à lui pour toujours, le suivait au rivage de Troie. — Patrocle, fils d'un roi de la Locride, contraint de s'exiler à la suite d'un meurtre involontaire, était venu, lui aussi, à la cour de Phthie, auprès du roi Pélée, où il s'était lié d'affection avec Achille, son ami désormais inséparable.

Le héros se signala devant Troie. Mais, quelle que fût sa valeur, si grands que pussent être les services rendus par ses armes à la cause des Grecs, il ne devait pas voir la prise d'Ilion, et la prédiction de sa divine mère allait fatalement s'accomplir. Il s'était épris de Polyxène, la fille du vieux roi ennemi, de Priam, qui la lui avait accordée à la condition qu'il prendrait parti pour les Troyens. Or, les deux amants avaient une dernière entrevue au bourg de Thymbra, dans un temple d'Apollon, quand Pâris, rentré en grâce auprès de son père (1), apparut soudain, et, bandant son arc, perça en traître l'ennemi de sa patrie d'une flèche au talon. La jeune fiancée s'en retourna vers Troie et le grand Achille mourut de sa blessure.

Peu de temps après la ville fut prise et mise à sac. Et les Grecs, ignorants d'ailleurs des dernières intentions du héros, mais persuadés que Polyxène avait pris part à la trahison de Pâris, se mirent à sa recherche. Pyrrhus, le fils d'Achille, — on le nomme aussi Néoptolème, — la découvrit, et l'immola sur le tombeau de son père.

Cependant le corps du guerrier avait été mis en lieu sûr par les soins d'Ajax et d'Ulysse, puis déposé sur le bûcher. Ses cendres furent descendues sous la terre au promontoire de Sigée. Thétis, en pleurs, vint se lamenter

(1) Voir *Les Pélopides*, p. 188.

sur son tombeau, mais elle apprit de la bouche même de
Neptune que son fils serait placé au nombre des immortels. Alors on rendit au défunt des honneurs divins, et
on éleva des temples à sa mémoire.

Les Argonautes.

Il y avait, dans la province de Béotie, sur le territoire
d'Orchomène, un peuple brave et riche, qui descendait
d'un certain Minyas, petit-fils de Neptune. Le peuple des
Minyens d'Orchomène était gouverné par Athamas, que
sa première femme, Néphélé, avait rendu père de deux
enfants, Phryxus et Hellé. La seconde femme du roi, Ino,
fille de Cadmus, leur fit la vie dure et les poursuivit de
sa haine de marâtre. Une peste avait ravagé le pays. On
consulta l'oracle, qui répondit, soudoyé par la reine, que
les dieux s'apaiseraient, si on leur immolait les dernières
personnes de la maison royale. En conséquence, Phryxus
et Hellé furent condamnés à être sacrifiés. Les jeunes
gens parvinrent néanmoins à tromper la surveillance
dont ils étaient l'objet et à s'enfuir. Leur mère Néphélé
avait reçu jadis du dieu Mercure un bélier à la toison
d'or, doué de parole et de raison, et qui, par surcroît,
possédait la faculté de traverser à sa volonté les airs et
les mers. Le frère et la sœur s'installèrent sur le dos
de l'animal, et le bélier, prenant son vol, les emporta
vers l'Asie, par-dessus les flots agités et bruyants. Le
fracas des eaux jeta l'épouvante au cœur d'Hellé. Elle
lâcha prise et tomba. Le lieu de sa chute porta désormais
le nom d'*Hellespont* (mer d'Hellé).

Cependant Phryxus prit pied sur cette terre de
Colchide où il devait vivre dans la paix jusqu'à la fin de
ses jours. Il immola le bélier à Jupiter, protecteur des

fugitifs, et fit présent de la toison d'or au roi du pays, Æétès, qui la suspendit à un chêne, dans un bois consacré à Mars, sous la garde d'un dragon vigilant. Jupiter, charmé d'un tel sacrifice, décida alors que quiconque pourrait conquérir cette toison, vivrait dans l'abondance aussi longtemps qu'il la tiendrait en sa possession.

Le crime d'Ino ne devait pas rester impuni, et ce fut Junon qui se chargea de la vengeance. La déesse inspira d'abord au roi d'Orchomène une fureur frénétique. Dans un accès de folie, Athamas, à la vue de Léarque, l'un des fils qu'il avait d'Ino, s'imagina qu'un lionceau s'avançait contre lui, et le perça de son épée. Et à son tour Ino, voyant Léarque mort, se jeta comme une folle sur son second fils, Mélicerte, le précipita dans une cuve d'eau bouillante, puis, ressaisissant le cadavre, l'étreignit dans ses bras, courut sur le bord de la mer, escalada le rivage et, du haut de la falaise, les deux corps roulèrent dans les flots.

La race des Minyens s'étendait aussi sur le territoire d'Iolchos, en Thessalie, et les Minyens d'Iolchos étaient gouvernés en toute sagesse par le roi Éson. Ce roi ne devait malheureusement pas rester longtemps sur le trône. Son frère Pélias, nourri dans son enfance avec du lait de jument, et devenu depuis le plus cruel des hommes, conspira contre lui, le dépouilla du sceptre et le chassa d'Iolchos. Mais lui-même n'arriva jamais à jouir tranquillement du pouvoir. Il s'était fait une ennemie de Junon, à laquelle il ne voulait rendre aucun culte, et la déesse se vengea cruellement de son dédain.

Éson avait un fils, Jason, dont il avait confié l'éducation au fameux centaure, à Chiron. Ce Jason, ayant ouï dire que Pélias, accablé de remords, avait consulté l'oracle, et que l'oracle lui avait conseillé de se défier de qui viendrait à

lui avec une seule sandale, quitte un beau jour son
maître et, sur les conseils du centaure, se dirige vers
Iolchos. Il arrive devant une rivière, voit sur le bord
une vieille femme, qui le supplie en grâce de vouloir bien
la passer à gué sur ses épaules. Jason la soulève dans
ses bras robustes, et la dépose sur l'autre rive. Or cette
vieille femme était Junon, qui depuis ne cessa de le
combler en toute circonstance de sa protection et de
ses faveurs. Jason continua sa route, mais il avait perdu
dans la rivière une de ses sandales. Pélias, qui, justement, sacrifiait non loin de là au dieu Neptune, l'aperçoit,
et, se ressouvenant, à la vue de son pied nu, de la prédiction qui lui a été faite, s'enfuit en grand effroi vers
la ville. Jason y parvient à son tour, découvre au peuple
sa naissance, et réclame le sceptre à son oncle. Le roi
consent à tout. Il ne met à son désistement qu'une condition : c'est que Jason parte à la conquête de la *Toison
d'or* et lui rapporte la précieuse dépouille. En réalité,
Pélias se flattait de l'espoir que son neveu ne revien-
drait pas d'une expédition aussi périlleuse.

Jason se prépare donc à partir. Il se fait construire un
solide navire, auquel l'industrieuse Minerve daigne
mettre la main. On dit même qu'elle y enchâssa, parmi les
planches de l'arrière, un morceau de chêne de la forêt de
Dodone, bois prophétique et doué de la parole, qui devait
diriger la course des navigateurs, les avertir des dangers
et leur indiquer les moyens de les éviter. Ce vaisseau
était si rapide, qu'il en conserva le nom grec qui exprime
cette qualité, et il reçut en conséquence le nom d'*Argo* (1).
— Notre héros ne partait pas seul : loin de là. Il emmenait
avec lui une élite de guerriers au nombre desquels figu-

(1) Il se pourrait aussi que ce nom lui vînt d'Argus, le constructeur
du navire.

raient la vierge Atalante, Augias, Castor et Pollux, Hercule et le bel Hylas, son favori, Méléagre, Nestor, Orphée, Pélée, Télamon, Tydée, Thésée, et tant d'autres, qu'il avait rassemblés autour de lui. Avant de mettre à la voile, on offrit aux dieux un sacrifice solennel, et Jason, le chef suprême de l'expédition, fit prêter à tous ses compagnons un serment de fidélité. Hercule, placé à la barre, dirigeait le navire. On leva l'ancre, on dit adieu à Iolchos et au cap Magnésien, on salua, en passant au pied du mont Pélion, le vieux Centaure et Achille, son jeune élève, et l'on se dirigea vers la Macédoine et le mont Athos. Arrivés à l'île de Samothrace, les Argonautes (*marins de l'Argo*) pointèrent vers le Nord, et touchèrent bientôt les bords de la Phrygie, alors gouvernée par le roi Laomédon.

Ce prince, voulant jadis se construire une ville superbe, avait prié Apollon et Neptune, exilés sur la terre (1), de lui venir en aide dans l'édification de sa capitale. Les divinités y avaient consenti moyennant un salaire, mais, la ville une fois bâtie, le roi perfide refusa de les payer. Aussitôt Neptune avait précipité sur les nouvelles murailles une inondation qui n'en laissait plus pierre sur pierre, et Apollon désolait le pays en y semant la peste. Les Phrygiens consultèrent l'oracle, et l'oracle leur répondit qu'ils ne seraient délivrés de leurs maux qu'à la condition d'exposer chaque année une jeune fille, tirée au sort, à la fureur d'un monstre marin. Or, au moment où les Argonautes abordaient en Phrygie, Hésione, la propre fille de Laomédon, venait d'être exposée sur un des rochers du littoral. Le roi s'en vint trouver Hercule, et le supplia de délivrer sa fille et de tuer le monstre,

(1) Voir *Apollon*, p. 19, et *Neptune*, p. 65.

Le navire *Argo* passant entre les Symplégades
(D'après une gravure du Cabinet des Estampes.)

moyennant quoi il donnerait au héros de magnifiques chevaux et la main d'Hésione. Hercule, toujours prêt à soulager les maux d'autrui, alla au monstre et le tua, puis il rendit Hésione à son père. Pour la seconde fois, le roi félon renia sa parole. Furieux, Hercule l'assomma, fit le sac de la ville et donna Hésione à Télamon.

Alors les Argonautes se remettent en route. Ils touchent bientôt aux côtes de la Mysie, où ils font escale pour y chercher des provisions. C'est là que le bel Hylas, étant allé puiser de l'eau dans une fontaine, fut enlevé par les nymphes de la source, éprises de sa beauté. Hercule, au désespoir, l'appela vainement sur le rivage, menaçant les Mysiens, s'il ne le retrouvait, de saccager leur pays. Hylas demeura introuvable. On entendit seulement comme le son lointain d'un écho qui répondait aux cris poussés de toutes parts.

Cependant les guerriers, impatients des retards apportés par Hercule, remettent à la voile sans plus l'attendre et continuent leur voyage. D'ailleurs ils redoutaient depuis longtemps que le poids colossal du héros ne fît sombrer l'embarcation, et ils saisirent avec empressement et joie l'occasion de se défaire d'un compagnon aussi compromettant. — Après maintes péripéties, ils arrivent à l'entrée du Pont-Euxin, où Neptune, touché du sacrifice qu'on lui offre, immobilise en leur faveur les Symplégades, deux roches mobiles que les vents contraires poussaient continuellement et avec violence l'une contre l'autre, de sorte qu'elles écrasaient presque fatalement les vaisseaux qui se hasardaient au milieu des écueils. Échappés à ce danger, les Argonautes parviennent enfin à l'embouchure du Phase, dont ils remontent le cours, et atteignent Æa, la capitale de la Colchide.

Æétès, le roi du pays, avait appris par la renommée quel était le dessein de Jason. Redoutant la puissance d'un si grand nombre de guerriers, il ne refusa pas formellement à Jason de lui livrer la Toison d'or, mais il lui imposa trois tâches si périlleuses qu'il semblait que le héros dût y laisser sa vie. Fort heureusement, Æétès avait une fille, Médée, une magicienne, qui, subitement éprise de Jason, et en ayant reçu la promesse qu'il l'emmènerait dans sa patrie avec le titre d'épouse, mit tout en œuvre pour tirer d'affaire son amant. Or Jason devait, en un seul jour, dompter deux taureaux aux pieds d'airain, et qui soufflaient des flammes par les naseaux, contraindre ces taureaux à labourer quatre arpents d'un terrain vierge, et semer dans les sillons le reste des dents du dragon que Cadmus avait tué auprès de la source de Dircé (1). Alors Médée lui donna une fiole remplie de sucs magiques dont elle lui recommanda de se frotter avant de lutter contre les taureaux, et une pierre qu'il jetterait au milieu des hommes armés qui devaient sortir des dents du dragon. Rendu invulnérable, Jason soumet aisément les taureaux aux pieds d'airain, laboure le champ, l'ensemence et lance la pierre au milieu de la troupe monstrueuse, qui s'entre-tue.

Cependant Æétès se refuse à livrer lui-même la Toison : si Jason veut la conquérir, qu'il essaie de tuer le dragon qui la tient sous sa garde. Médée lui vient encore en aide : elle endort le dragon par ses enchantements, et Jason s'empare enfin de la Toison d'or.

Les Argonautes songent alors au retour ; mais Æétès, furieux de se voir frustré de la riche dépouille, médite la mort du vainqueur et l'incendie de son vaisseau. Instruit

(1) Voir *Cadmus*, p. 121.

par Médée, le héros se hâte de fuir avec ses compagnons, poursuivi tout aussitôt par le roi, qui les atteint à l'embouchure de l'Ister et leur députe son fils pour les sommer de lui rendre la Toison. Médée s'empare de son frère, l'égorge, en sème les membres épars tout le long du littoral, et, tandis que le malheureux père arrête là sa poursuite pour recueillir les restes de son fils et les ensevelir en un lieu qu'il appelle Tomes, c'est-à-dire *morceaux*, Jason repart pour la Thessalie, touche, après mille épreuves nouvelles, à l'île de Corcyre, où il épouse Médée, et fait enfin sa rentrée triomphale dans la ville d'Iolchos. Il consacre son vaisseau à Neptune et remet la Toison à Pélias.

Or, le roi son oncle, durant cette longue absence, avait fait périr d'abord son propre frère Éson, en le condamnant à boire du sang de taureau, puis il avait égorgé un jeune frère de Jason, dont la mère s'était pendue de désespoir en proférant des imprécations contre le meurtrier. Le retour inattendu de son neveu le glaça d'épouvante : il prévit d'instinct que c'était fait de lui. Et en effet, Médée, sur les instances de son époux, se chargea de venger les victimes. Elle persuada aux filles de Pélias vieilli, si elles voulaient rajeunir leur père, de le couper en morceaux et de faire bouillir ses membres dans un chaudron. Seulement la magicienne ne prononça pas les paroles magiques qui pouvaient assurer le succès de l'opération, et le roi ne revint pas à la vie. Toutefois Jason ne rentra pas en possession du pouvoir. Il fut banni par le fils de Pélias et se réfugia à Corinthe, suivi de Médée, qui l'y rendit père de deux enfants.

Leurs années s'écoulaient dans le bonheur, quand

Jason vint à tomber amoureux de Créuse, la fille du roi. Égaré par la passion, il n'hésita point à répudier sa femme et à l'abandonner ainsi que ses enfants. Médée alors résolut de tirer de sa rivale une effroyable vengeance. Elle feignit de se résigner à son malheur, et, le jour des noces, elle fit parvenir à Créuse, comme présent d'hyménée, une tunique diaphane et splendide, dont elle la priait de se revêtir le soir même. Mais à peine la tunique empoisonnée eut-elle touché la chair de la jeune femme, qu'elle se transforma en une flamme dévorante, qui ne laissa rien subsister de la malheureuse et embrasa tout le palais. Satisfaite, Médée égorgea ensuite de ses mains les deux enfants qu'elle avait eus de Jason, puis s'en retourna, parmi les plaines de l'air, sur un char traîné par des dragons ailés, jusque dans son pays d'origine, où elle aida son vieux père Æétès, qu'on avait chassé en son absence, à remonter sur le trône de Colchide. Réconciliée avec sa famille, elle mourut dans sa patrie, et descendit aux Champs Élyséens pour y devenir l'épouse du grand Achille.

Deucalion.

L'humanité en était à l'âge d'airain, et les hommes étaient devenus si pervers, que Jupiter résolut d'en détruire la race, et fit tomber sur la Grèce un effroyable déluge d'eau. Un seul homme échappa au cataclysme, Deucalion, sage roi de Thessalie, le fils de Prométhée, le petit-fils du titan Japet, lui-même issu du Ciel et de la Terre (1). Sur les conseils de son père, Deucalion se construisit une embarcation remplie des choses néces-

(1) Voir *Les Origines*, p. 3.

saires à l'existence, et y étant monté avec Pyrrha, sa femme et cousine germaine, seule préservée entre les femmes, il attendit, pendant neuf jours et neuf nuits, que le déluge prît fin. A la dixième aurore, la pluie cessa de tomber, et le niveau des eaux s'abaissa. L'embarcation fut déposée par le reflux sur les hauteurs du mont Parnasse, en Phocide. Deucalion descendit à terre et fit un sacrifice à Jupiter, qui lui députa Mercure, avec la promesse de lui accorder ce qu'il demanderait. Deucalion pria le dieu de faire revivre la race humaine. Alors Mercure ordonna aux époux de se voiler la face et de jeter derrière eux, par-dessus leurs épaules, les os de leur grand'mère. Après avoir longtemps cherché le sens de cette réponse, ils comprirent enfin qu'il s'agissait des pierres de la terre, mère commune de tous les hommes, et ils se mirent en devoir d'exécuter les ordres des dieux. Les pierres jetées par Deucalion se changèrent en hommes, celles de Pyrrha en femmes. — Cela fait, ils descendirent du Parnasse et rebâtirent la première maison. Ce fut celle même où ils moururent.

Deucalion, père d'Hellen et d'Amphictyon, était ainsi, selon la croyance générale, le premier ancêtre des Hellènes, le premier roi fondateur de villes et de temples. Hellen, roi de Phthie, eut pour fils Æolus et Dorus, les ancêtres des deux races éolienne et dorienne. — Amphictyon, roi d'Attique, apprit aux hommes à mouiller d'eau leur vin, et fonda, dit-on, la Ligue amphictyonique (1).

(1) La Ligue amphictyonique était la réunion des peuples grecs, fédérés dans un but religieux et politique. On y discutait les questions d'intérêt commun, et l'on y jugeait les différends survenus entre confédérés.

V. — Légende de la Thrace.

Orphée.

Orphée, chantre et roi de Thrace, était, dit-on, fils d'Apollon et de la muse Calliope. Inventeur de la cithare, il chantait et jouait de la lyre avec tant de charme, que la nature entière s'assemblait autour de lui pour l'écouter : les arbres et les rochers quittaient le sol où ils étaient enracinés, les fleuves suspendaient le cours de leurs eaux, les bêtes sauvages oubliaient leurs instincts féroces. C'est grâce à l'harmonie de ses accents que le navire Argo (1) qui, au moment de prendre la mer, restait immobile sur la montagne où on l'avait construit, était descendu tout à coup vers les flots, et que les guerriers indociles, au nombre desquels il s'embarquait lui-même à la recherche de la Toison d'or, s'étaient pliés sous le commandement de Jason. Dans les eaux du Pont-Euxin, c'est encore la lyre d'Orphée qui, sur les conseils du dieu Neptune, avait suspendu l'agitation des roches Symplégades, où se seraient infailliblement brisés les Argonautes (2). C'est elle enfin qui, tout au long de ce périlleux voyage, avait accompli mille merveilles et facilité bien souvent la marche du navire.

Orphée, poète et roi, fut aussi le grand civilisateur des peuples, auxquels il apprit à aimer la justice et les dieux. Et pourtant, malgré toute sa bonté, il connut lui-même le malheur et la souffrance.

Il avait pour épouse chérie Eurydice, la belle hamadryade (3). Or, non loin de la Thrace, dans cette riche

(1) Voir *Les Argonautes*, p. 145.
(2) Voir *Les Argonautes*, p. 148.
(3) Voir *Nymphes*, p. 60.

et féconde vallée de Tempé où le fleuve Pénée s'en va
lentement verser ses eaux à la mer entre l'Olympe et
l'Ossa, vivait un berger, Aristée, fils d'Apollon et de la
nymphe Cyrène, grand éleveur d'abeilles, instruit
dans l'art de la médecine et la culture de la vigne.
Aristée avait lui-même aimé jadis l'hamadryade, si
bien qu'un jour, l'apercevant qui se promenait toute
seule sur les bords d'une rivière, il se mit à sa poursuite.
La jeune femme, effrayée de tant d'audace, se hâta de
fuir, et ne vit point, cachée dans l'épaisseur des roseaux,
une vipère qui, la piquant au pied, fit couler dans ses
veines un mortel venin. — La douleur d'Orphée fut
immense. Il s'enfuit bien loin de la compagnie des
humains, cherchant à tromper avec sa lyre le mal dont
il souffrait, faisant retentir jour et nuit les plaines de
l'air du nom de sa bien-aimée.

Il résolut enfin d'aller la reprendre aux Enfers,
traversa la Grèce depuis le nord jusqu'au sud, et,
s'engouffrant dans l'ouverture béante du cap Ténare,
descendit au sombre royaume de Pluton. A ses accents
mélodieux, les ombres impalpables accoururent, fré-
missantes d'émotion, aussi nombreuses que les milliers
d'oiseaux qui se cachent sous les feuilles d'une forêt;
les Furies vengeresses cessèrent d'agiter les fouets
dont elles flagellent les coupables; le chien Cerbère fit
taire sa triple gueule, et, les instruments de supplice
s'arrêtant comme d'eux-mêmes, les damnés eurent enfin
un moment de répit. Pluton et sa divine épouse sentirent
pour la première fois que leur cœur devenait accessible
à la pitié, et ils rendirent au pauvre amant la chère
ombre qu'il réclamait. Proserpine y mit toutefois
pour condition qu'Eurydice marcherait à la suite
d'Orphée, et qu'Orphée ne se retournerait pas pour la

voir, avant d'être arrivé à la surface de la terre. — Or, le

Orphée aux Enfers.

retour touchait à sa fin. Déjà les ombres commençaient

à s'éclaircir, quand Orphée, oublieux de la prescription divine et trop amoureux de sa femme pour attendre plus longtemps, — n'en pouvant plus d'efforts et l'âme vaincue, — se retourna.... et, au milieu d'un fracas de tonnerre, il perdit en un instant, et pour jamais, tout le fruit de sa peine. Eurydice s'était évanouie comme une fumée dans l'air, et, cette fois, le nocher du Styx repoussa loin du bord l'époux infortuné.

Orphée remonta vers les régions glacées de la Thrace, et, toujours solitaire, y remplit de sa plainte éternelle les vallées et les monts. En vain les femmes Ciconiennes s'offrirent-elles à consoler le divin chantre : il resta sourd à leurs paroles de tendresse, et ne cessait de réclamer aux dieux son Eurydice. Irritées à la fin qu'Orphée ne voulût aucune d'elles pour épouse, elles se ruèrent un jour sur lui, mirent son corps en lambeaux, et dispersèrent ses membres à travers la campagne. La tête roula dans les flots de l'Hèbre, mais tout inerte et froide qu'elle était, on l'entendait encore appeler Eurydice, et les échos du bord, sur tout le cours du fleuve, répétaient le doux nom d'Eurydice (1).

Ainsi finit Orphée. La tête, portée jusqu'à la mer, s'arrêta, dit-on, dans une fissure de l'île de Lesbos, où, pieusement recueillie, elle rendit plus tard des oracles. Les Muses, dont il avait été pendant toute sa vie le serviteur fidèle, recueillirent à leur tour ses membres épars et leur donnèrent la sépulture au pied du mont Olympe. Quant à sa lyre, transportée parmi les astres, elle y devint une constellation.

Cependant Aristée, la cause première de tous ces maux, ne resta point impuni. Les Nymphes, compagnes

(1) *Virgile* : Géorgiques, IV, v. 457-527.

Orphée déchiré par les femmes de Thrace.

d'Eurydice, déchaînèrent une peste sur ses ruches
d'abeilles, et le pasteur les perdit toutes. A bout d'efforts
et d'expédients, le malheureux s'en fut trouver sa mère
dans ses grottes profondes, Cyrène, la fille du fleuve
Pénée, et se plaignit à elle qu'étant, comme elle le
prétendait du moins, le fils d'Apollon, il ne fût pas,
plus qu'un simple mortel, à l'abri des fléaux qui pouvaient ravager leurs champs et anéantir le fruit de leurs
peines. Cyrène lui fit comprendre qu'il expiait la faute
commise envers Orphée, mais elle ajouta que le mal
n'était pas sans remède, et que Protée, le fameux
devin (1), lui révélerait le moyen de repeupler ses
ruches. Alors, sur le conseil du vieillard, Aristée
immola quatre taureaux d'une beauté remarquable,
autant de génisses encore vierges du joug, et abandonna leurs cadavres sous l'épais feuillage d'un bois.
Puis, quand reparut la neuvième aurore, il rentra dans
le bois, et vit — ô prodige incroyable ! — des entrailles
corrompues des victimes et à travers leurs flancs déchi-
rés sortir et s'élancer en bourdonnant de nouveaux et
nombreux essaims qui, s'élevant dans les airs comme
ferait un nuage immense, allaient suspendre leurs
grappes murmurantes au sommet d'un arbre dont ils
faisaient ployer les branches sous leur poids (2).

(1) Voir *Protée*, p. 279.
(2) *Virgile*, Géorgiques, IV, v. 550-558.

VI. — Légendes de Corinthe.

Sisyphe.

Sisyphe, fils d'Éole, le dieu des vents, est un de ces
personnages que l'antiquité tout entière s'est accordée à
représenter comme impie, voleur et rusé. Roi de Corinthe,
il en était lui-même, selon une première tradition, un
des plus redoutables brigands, écrasant sous des mon-
ceaux de pierres, pour les détrousser après coup, tous
les étrangers qui traversaient son territoire. Thésée, passant par l'isthme, débarrassa la terre de ce monstre (1).

Une autre tradition, plus compliquée et plus drama-
tique, rapporte qu'un certain Asope, dieu du fleuve de
ce nom, qui coule dans le Péloponèse, avait une fille
Égine, remarquable par sa beauté. Le roi de l'Olympe la
vit, en devint amoureux et l'enleva. Asope, s'étant mis
à la recherche de sa fille, arriva chez Sisyphe, le roi de
Corinthe. Or Sisyphe connaissait l'auteur du rapt, et, sur
la promesse qu'Asope ferait jaillir une source du roc
aride de l'Acropole, il le lui nomma. Asope s'apprêtait à
partir en guerre contre le dieu, quand Jupiter, furieux
de tant d'audace, le frappa de sa foudre et le contraignit
de rentrer dans son ancien lit. Quant à Sisyphe, il lui
envoya la Mort pour le punir de sa trahison. Sisyphe
s'empara d'elle et la jeta dans les fers, si bien que sur
toute la surface de la terre, plus personne ne descendait
au sombre royaume des Ombres. Pluton s'en plaignit et
fit du vacarme. Force fut à Jupiter d'envoyer au terrestre
séjour le vigoureux Mars, qui délivra sa compagne et

(1) Voir *Thésée*, p. 88.

força le geôlier à la suivre lui-même, après avoir rendu le dernier soupir. Encore Sisyphe s'exécuta-t-il de fort mauvaise grâce et médita-t-il quelque nouvelle perfidie. Et en effet, avant de mourir, il recommanda expressément à son épouse de ne point l'inhumer ; puis, une fois arrivé dans les Enfers, il feignit de se plaindre, avec une grande amertume, de l'indifférence de sa femme, et supplia Pluton de lui permettre de l'aller punir. Le roi des Ombres lui accorda imprudemment ce qu'il demandait : Sisyphe partit et ne revint pas. Il fallut même, bien des années après, que Mercure, sur un ordre formel de Jupiter, revînt le saisir et l'entraînât de force chez les Mânes, où il demeura.

Quoi qu'il en soit de ces deux traditions, ce qu'il y a de sûr, c'est qu'aux Enfers il fut condamné, en raison de sa perfidie, à un supplice terrible et toujours renaissant. Il devait pousser avec ses mains un énorme bloc de rocher jusqu'au sommet d'une montagne abrupte, et le faire retomber sur l'autre pente. Le malheureux, allongé et raidi de tous ses membres contre le roc, le pousse donc lentement, et lui fait gravir la rude montée. De sa tête en sueur s'exhale comme une nuée qui semble marcher avec lui. Il arrive au sommet : un dernier effort, et le bloc gigantesque va redescendre la pente opposée, mais, subitement, une force supérieure l'arrête, le repousse et le précipite avec des bonds affolés jusque dans la plaine où il gisait tout à l'heure. Et Sisyphe reprend éternellement son travail, et la pierre, qui déjà touche au but, retombe éternellement à son point de départ.

La perfidie de Sisyphe, son esprit fécond en ruses et en ressources de toute espèce, avaient porté les Anciens à lui donner pour fils l'*artificieux* Ulysse. Ils imaginaient alors qu'Anticlée, la mère du héros, avant d'épouser

Laërte, avait été enlevée par le roi de Corinthe. Mais, cette légende manque d'autorité, et c'est bien Laërte, non Sisyphe, qui reste, aux yeux de la plupart des Grecs, le véritable père d'Ulysse.

Sisyphe avait pour frère Salmonée, qui, tout d'abord roi de Thessalie, abandonna cette région pour venir s'établir en Élide, où il bâtit la ville qui porte son nom. Audacieux et superbe, il avait la prétention de s'égaler à Jupiter, et se faisait offrir des sacrifices comme au maître des dieux. Il avait même défendu que l'on rendît au roi de l'Olympe les honneurs souverains, et, construisant au-dessus de sa capitale un pont de fer, sur lequel son char roulait avec fracas, il s'exerçait à lancer des torches sur les malheureux placés en dessous par ses ordres, pour imiter tout à la fois le tonnerre, les éclairs et la foudre. Que si, par hasard, quelque imprudent s'éloignait d'instinct, dans la crainte de recevoir sur la tête cette résine brûlante, des gens secrètement apostés s'élançaient sur eux et les massacraient, afin de faire croire qu'ils avaient été frappés par l'invisible main du nouveau dieu. Cette farce cruelle dura quelque temps, mais, à la fin, Jupiter frappa le dément de ses véritables foudres, et le précipita pour toujours dans les profondeurs du Tartare.

Bellérophon.

Le nom de Bellérophon est un pseudonyme et signifie *meurtrier de Belléros*. Belléros était un Corinthien illustre, mais l'on ne sait rien de plus à son sujet. Toujours est-il que, pour expier ce meurtre, Bellérophon, petit-fils de Sisyphe (1), dut s'exiler. Il se retira à Tirynthe, à la cour

(1) Voir *Sisyphe*, p. 159.

H. AUBERT. *Lég. myth.*   11

du roi Prœtus, qui, après lui avoir fait un accueil favorable, se vit bientôt contraint de le bannir. Et en effet Sthénébée, la femme du roi, éprise de sa beauté, lui avait proposé de s'enfuir avec elle. Le jeune homme s'était refusé à trahir aussi bassement l'hôte généreux qui lui avait ouvert sa demeure. Alors la reine, humiliée, pour tirer sa vengeance, avait fait croire à son époux que Bellérophon avait tenté de la séduire, et, au nom de son honneur outragé, elle réclamait la mort de l'insolent.

Le crédule Prœtus ne voulut cependant pas porter sa propre main sur celui qu'il avait accueilli sous son toit, mais il lui donna un message pour Iobatès, son beau-père, roi de Lycie. Ce message consistait en tablettes fermées contenant l'ordre de tuer immédiatement le porteur.

Au bord du Xanthe, le héros trouva une réception cordiale et magnifique : ce ne furent, neuf jours durant, que fêtes, jeux et festins. Le dixième jour Bellérophon présenta ses tablettes; Iobatès en prit connaissance et, sans tarder davantage, croyant l'envoyer à la mort, il proposa au jeune homme d'aller combattre la Chimère. — C'était un monstre d'une forme étrange et terrible : issu, comme Cerbère (1), du géant Typhon (2) et du monstre Echidna, il avait la tête d'un lion, le corps d'un bouc, la queue d'un dragon, et il vomissait des torrents de feu. Lâché dans la campagne par le roi de Carie, qui s'en servait pour terroriser ses sujets, l'animal ravageait le territoire, et dévorait tous ceux qu'il rencontrait. Bellérophon, afin de combattre plus sûrement la Chimère, eut l'idée de s'emparer tout d'abord de Pégase, le cheval ailé (3). Il repassa la mer pour le venir

(1) Voir *Les Enfers*, d'après Virgile, p. 77.
(2) Voir *Le Ciel*, p. 8.
(3) Voir *Les Muses*, p. 20.

Bellérophon, porté dans les airs sur le dos de Pégase,
extermine la Chimère.
(D'après une gravure du Cabinet des Estampes.)

prendre en Béotie, se mit à sa recherche, l'aperçut enfin, mais s'épuisa en vains efforts et ne réussit pas à le saisir. Découragé, il consulta un devin, qui lui conseilla d'aller dormir dans un certain temple dédié à Minerve. Là, la déesse lui apparut en songe, et, lui ayant promis un frein capable de dompter les coursiers les plus fougueux, l'engagea cependant à offrir un sacrifice à Neptune, son père. A son réveil, le héros trouva en effet un frein à côté de lui. Il le prit, sacrifia, en l'honneur de Neptune, un taureau au poil brillant, et, cela fait, aperçut de nouveau le cheval Pégase, qui s'abreuvait à la source de Pirène, sur les hauteurs de Corinthe (1). Il s'approcha : la bête reçut docilement le frein, et Pégase, s'élevant dans les airs, transporta le héros dans le royaume de Carie. — Or Bellérophon avait attaché à l'extrémité de sa lance une masse de plomb. Quand la Chimère le vit venir à travers l'espace, elle se hâta de vomir contre l'audacieux ses flammes accoutumées, mais il poussa sa lance de toute sa force dans la gueule ardente du monstre : le plomb se liquéfia, et la Chimère, se tordant de douleur, expira tout aussitôt.

Iobatès, surpris de voir son hôte revenir vivant et vainqueur, le soumit à une seconde, puis à une troisième épreuve : il l'envoya combattre la peuplade sauvage des Solymes, puis la tribu farouche des Amazones. Mais le héros revint encore victorieux de l'une et l'autre expédition. Alors Iobatès, ayant choisi, parmi ses guerriers, les plus vaillants de tous, les posta en embuscade sur son passage, avec ordre de le massacrer : aucun d'eux ne revit ses foyers. Émerveillé de tant d'audace et

(1) La nymphe Pirène, désolée de la mort de sa fille, que Diane avait, par accident, percée d'un trait, versa tant de larmes, qu'elle fut changée en une fontaine, qui, de son nom, fut appelée Pirène.

de valeur, le roi reconnut dans son hôte un rejeton des dieux : il lui offrit sa fille et le partage de sa royauté.

Le bonheur de Bellérophon ne devait pas avoir de durée. Il perdit sa fille, tuée à coup de flèches par Diane, que blessait l'orgueil de Laodamie, aimée de Jupiter. Il perdit son fils, que Mars, jaloux de l'orgueil qu'il concevait aussi de sa bravoure, lui tua dans une guerre contre les Solymes. Lui-même enfin, ayant eu la présomption de s'élever, sur le dos de Pégase, jusqu'au trône de Jupiter, reçut le châtiment de ce désir insensé. Le dieu, irrité, envoya contre le cheval volant un taon dont les piqûres le harcelèrent si fort qu'il démonta son cavalier. Bellérophon retomba sur la terre de Lycie, perclus de sa chute et aveugle, et, toujours seul depuis lors, il évita jusqu'au dernier jour la trace des hommes, le cœur mélancolique et tout rongé de chagrin.

VII. — Légendes d'Argos.

Io.

Dieu du fleuve auquel il donna son nom, et roi d'Argos, Inachus, fils d'Océan et de Téthys, passait, dans son pays, pour le premier père de la race humaine. On racontait, à son sujet, des histoires merveilleuses, dont il ne subsiste presque rien, sinon qu'un jour, Neptune et Junon l'ayant pris pour juge de leurs prétentions sur l'Argolide, le roi décida en faveur de la déesse, et qu'alors Neptune, irrité, le priva de ses eaux et le condamna à rester désormais à sec durant la saison d'été. Il eut pour fille Io, dont, au contraire, la légende est une des plus connues et des plus riches de la poésie grecque.

Io était prêtresse de Junon. Jupiter la vit, s'éprit d'elle, et résolut de l'épouser ; mais, pour la soustraire à la jalousie vigilante de sa royale moitié, il transforma son amante en une blanche génisse. Vaine précaution : la soupçonneuse Junon, frappée de la beauté de cet animal, pénétra le mystère, et supplia Jupiter de le lui donner en présent. Refuser, c'était accroître les soupçons : Jupiter s'exécuta. Aussitôt Junon confia la garde de la génisse à Argus. — Cet Argus était un géant doué d'une force extraordinaire : il avait cent yeux, dont cinquante veillaient, tandis que le sommeil fermait les cinquante autres. Il attacha la génisse à un olivier, dans la forêt de Mycènes, déterminé à mettre à mort quiconque aurait l'audace d'approcher. — Cependant le roi de l'Olympe était bien indécis sur le parti qu'il devait prendre : il ne voulait pas intervenir en propre personne, ni se révéler en foudroyant Argus. A la fin, il confie à

Junon obtient de Jupiter qu'il lui fasse don de la vache Io.
(D'après une gravure du Cabinet des Estampes.)

Mercure le soin de le débarrasser d'un surveillant aussi
incommode. L'habile messager descend bien vite sur la

terre, se déguise en humble berger, puis, aux doux
accords de sa flûte enchantée, endort les cent yeux
d'Argus, coupe la tête au monstre et délivre la génisse.
A cette nouvelle, Junon, plus irritée que jamais, lâche
contre sa rivale un taon furieux qui la pique, la tourmente, et la persécute à tel point, que la malheureuse,
affolée, fuit devant elle au hasard d'une course sans fin,
passant à la nage les détroits et les mers, escaladant les
hauts monts, toujours harcelée, sans qu'elle puisse, des
pays glacés du Nord aux contrées arides et desséchées
par un soleil brûlant, trouver un moment de repos. La
blanche génisse, gagnant vers le Septentrion, parcourt
la Thessalie, et la Macédoine, et la Thrace, et le vaste pays
des Scythes, redescend vers le Caucase, où elle rencontre,
cloué sur la plus haute cime, le titan Prométhée, victime
de Jupiter, lui aussi (1), le foie éternellement dévoré par
un vautour, et qui brave l'Olympe, malgré son affreux
tourment. Et les deux pauvres suppliciés, oubliant leurs
propres maux, s'adressent l'un à l'autre de douces
paroles de commisération. Puis, après que le fils de
Japet a prédit à Io la fin de ses tourments, ils se quittent.
Le titan demeure enchaîné sur son roc, et la génisse,
par bonds frénétiques, haletante de faim, poursuit, sous
les incessantes piqûres du taon, son douloureux voyage.
Elle franchit le Bosphore de Thrace, traverse successivement la Phrygie, la Mysie, la Lydie, la Cilicie, rejoint,
vers le sud, le pays des Phéniciens, et, brisée, arrive en
Égypte sur les bords du Nil. Là enfin elle trouve le terme
de ses maux. Junon, satisfaite de sa vengeance, fait
sa paix avec Jupiter et chasse le taon persécuteur. Alors
le roi de l'Olympe, touchant le dos de la génisse, la

(1) Voir *Prométhée*, p. 88.

caresse doucement de la main, et la jeune Io reprend sa
forme première. — Hélas! elle ne jouit pas longtemps de
sa tranquillité. Peu de temps après, elle met au jour
Epaphus, et la colère de Junon se réveille. La déesse
ordonne aux Curètes (1) de dérober l'enfant à sa mère :
les Curètes obéissent, détournent l'enfant et le cachent.
Jupiter, irrité, les extermine de ses foudres. Encore une
fois, l'infortunée Io parcourt le monde à la recherche de
son fils. Elle le découvre en Syrie, revient avec lui dans
la contrée de l'Egypte, où elle séjourne définitivement, et
y épouse Télégone, le roi du pays. — Épaphus, à son tour,
deviendra roi et fondera la ville de Memphis. Quant
à Io, les Égyptiens devaient la confondre, au cours des
âges, avec leur déesse Isis et lui rendre des honneurs
divins.

Les Danaïdes.

Épaphus, roi d'Égypte, fils de Jupiter et d'Io (2), avait
pour arrière-petit-fils Ægyptus et Danaüs, l'un père de
cinquante garçons, l'autre de cinquante filles. Une rivalité ayant éclaté entre les deux frères, Danaüs, qui redoutait les insolences de ses neveux, construisit un vaisseau
à cinquante rames, le premier que l'on eût vu de la sorte,
et prit la mer avec ses filles. Il débarqua sur la côte
orientale du Péloponèse, à Lerne, non loin de la ville
d'Argos où régnait Gélanor, dont il reçut l'accueil le plus
hospitalier. Toutefois, l'ambition le poussant, il en vint
à disputer le trône même à son hôte, si bien qu'après de
longues querelles, le peuple, qu'irritait cette incertitude
de savoir qui des deux serait roi, fixa la décision défini-

(1) Voir *Les Origines*, p. 6.
(2) Voir plus haut, même page.

tive à une époque déterminée. Or, le matin du jour désigné pour le jugement, on vit un loup s'élancer brusquement au milieu d'un troupeau de bœufs qui paissaient près de la ville, fondre sur l'un des taureaux, lutter un moment contre lui, et l'abattre. Le peuple interpréta ce fait comme un augure favorable à l'étranger, et choisit Danaüs pour son roi.

Cependant Ægyptus, furieux de voir que son frère lui avait échappé, lançait ses cinquante fils à sa poursuite. Mais ces jeunes hommes n'étaient pas plus tôt débarqués sur les côtes de l'Argolide, que leurs ressentiments s'étaient évanouis. Arrivés sous les murs de la capitale, ils faisaient savoir à leur oncle, qui déjà s'effrayait, qu'il n'avait rien à craindre d'eux, qu'ils venaient avec des intentions pacifiques et demandaient leurs cousines en mariage. Danaüs, obstiné dans sa rancune, peut-être aussi dominé par la crainte, médita alors un projet abominable : il promit à ses cinquante neveux de leur accorder la main de ses filles, mais, après la fête des noces, il remit à chacune d'elles un poignard, en leur enjoignant d'égorger leur époux dès la première nuit. Quarante-neuf filles exécutèrent cet ordre barbare. Seule, Hypermnestre avertit secrètement son mari de ce que son père exigeait d'elle, favorisa sa fuite hors du palais, et, le soir, à l'heure où ses sœurs consommaient l'exécrable meurtre, répondit, en allumant un fanal sur le faîte de la maison, au signal de feu que, là-bas, loin dans la plaine, Lyncée lui envoyait à travers l'espace, pour lui faire entendre qu'il était en sûreté. Le lendemain, les têtes des fils d'Ægyptus furent ensevelies dans le marais de Lerne, et leurs corps exposés devant les remparts d'Argos. — Danaüs cependant, irrité de voir qu'il lui manquait un de ses gendres, traduisit Hypermnestre en justice par-

devant le peuple comme coupable de désobéissance
envers le roi. Contre son attente, le peuple acquitta
la jeune femme, et Hypermnestre rejoignit son époux.

Le roi n'en était pas moins désireux de voir remariées
toutes ses autres filles. Il fit publier qu'il les donnerait
aux vainqueurs des jeux gymniques qu'il offrait aux
citoyens et auxquels il invitait spécialement toute la
jeunesse d'Argos. Celui qui le premier sortirait vainqueur de la lutte pourrait emporter l'épouse de son
choix, et ainsi de suite, jusqu'à concurrence de quarante-
neuf prétendants. L'on était dispensé des présents
d'usage que l'on offrait au beau-père. Les jeux furent
brillants, mais la joie de courte durée, car Lyncée, à la
tête d'une poignée d'hommes, vint surprendre la ville,
pénétra dans le palais, et y massacra Danaüs et ses filles.
Cela fait, il s'établit lui-même sur le trône.

La nouvelle de toutes ces horreurs fit mourir Ægyptus
de chagrin.

Quant aux Danaïdes, punies sur la terre, elles devaient
encore expier leurs forfaits dans le royaume des Enfers,
où elles sont condamnées à remplir d'eau sans relâche
des vases sans fond.

Persée.

Lyncée, roi d'Argos, le seul survivant des cinquante fils
d'Ægyptus (1), eut pour fils Abas, conquérant redoutable,
et de cet Abas naquirent deux frères jumeaux, Prœtus
et Acrisius, qui, pareils à Étéocle et Polynice (2), se
détestaient, dit-on, avant même de se pouvoir connaître. Longtemps ils se disputèrent le trône. Chassé du

(1) Voir *Les Danaïdes*, p. 170.
(2) Voir *Œdipe*, p. 127.

royaume par son frère, Prœtus se réfugia chez Iobatès, roi de Lycie (1), dont il devint le gendre, puis, soutenu par son beau-père, il rentra à main armée dans l'Argolide, s'empara de Tirynthe, que les Cyclopes, ses amis, lui ceignirent de murailles, et bannit à son tour Acrisius qui s'enfuit à la cour de Laomédon, roi de Troie, dont il épousa la fille Eurydice (2). De ce mariage naquit une fille, Danaé. Contrarié cependant de n'avoir pas de postérité mâle, Acrisius alla consulter l'oracle de Delphes. L'oracle lui répondit que Danaé mettrait au monde un fils qui régnerait un jour sur la contrée et dont la gloire serait sans égale, mais que cet enfant tuerait son aïeul. Acrisius, effrayé d'une telle réponse, enferma sa fille, dès qu'elle fut grande et en âge de se marier, dans une chambre souterraine dont la voûte était revêtue de lames d'airain. Jupiter déjoua, malgré tout, les précautions d'Acrisius. Épris des charmes de la vierge, il pénétra dans la tour sous la forme d'une pluie d'or, et Danaé donna le jour à un fils qu'elle nomma Persée. Acrisius furieux, et l'âme épouvantée de cette naissance miraculeuse, fit enfermer dans un coffre solide la mère et le fils, et donna l'ordre qu'on les jetât à la mer.

Et tandis que le coffre roulait, secoué par le vent, ballotté par les flots, la pauvre mère en pleurs exhalait sa douce et triste plainte, l'un de ses bras tendrement passé autour du corps de son fils : « *O mon enfant, que j'ai de peine ! Toi, cependant, le cœur tranquille, tu dors en cette affreuse demeure garnie de clous d'airain, étendu sur mes genoux dans la nuit sombre des ténèbres. Sur la broussaille épaisse de tes cheveux le flot passe, et tu n'en prends pas souci, non plus que des rugissements de la*

(1) Voir *Bellérophon*, p. 162.
(2) Ne pas confondre cette Eurydice avec l'épouse d'Orphée.

tempête, car tu reposes sur un manteau de pourpre, ô tête charmante. Ah! si tu pouvais redouter ce qui vraiment est redoutable, comme tu prêterais à mes paroles ton oreille délicate et si finement ourlée! Par pitié, dors, mon enfant; dorme aussi la mer, dorme notre malheur infini! O Jupiter, toi, son père, puisses-tu vouloir changer notre destinée! Et si, dans ma prière, il m'est échappé quelque parole trop hardie, pour l'amour de ton enfant, pardonne-moi (1). »

Le coffre fut heureusement rejeté par les vagues dans une île des Cyclades, Sériphe, où régnaient deux frères, Dictys et Polydecte. Dictys l'aperçut, l'ouvrit, recueillit la mère et l'enfant et leur donna l'hospitalité. — Les années s'écoulèrent, et Polydecte, que séduisait la beauté de Danaé, forma le dessein de l'épouser. Cependant, comme il redoutait une opposition violente de la part du fils, déjà près d'être un homme, il médita de s'en défaire. Il feignit de s'intéresser à lui, et désormais l'admit fréquemment en sa compagnie, lui inspirant, par des récits habilement ménagés, l'amour de la gloire et le désir de marcher sur les traces des héros. Quand il le vit au point qu'il désirait, il annonça publiquement qu'il était dans l'intention d'épouser Hippodamie, la fille du roi d'Élide, OEnomaüs (2), et réclama les présents que lui devaient, selon l'usage en pareille circonstance, les chefs placés sous ses ordres. Tous lui firent don de superbes coursiers: mais Persée dédaigna une offrande aussi vulgaire : il promit à son hôte d'aller attaquer les Gorgones et de lui rapporter la tête de Méduse. Polydecte, ravi, le prit au mot, car il ne doutait pas que Persée ne trouvât la mort dans cette expédition.

(1) Traduit par l'auteur, de Simonide de Céos, poète lyrique de la Grèce (v⁰ siècle avant J.-C.).

(2) Voir *Les Pélopides*, p. 182.

Or, on savait bien que les Gorgones, nées du dieu marin Phorcus, fils de Neptune, et de Céto, fille de la mer et de l'Océan, étaient trois vierges ailées, à la chevelure vipérine, monstres abhorrés des mortels, et que jamais nul homme n'avait dévisagées sans être pétrifié sur-le-champ. Elles s'appelaient Euryale, Sthéno et Méduse. Leurs dents

Tête de Méduse.
(D'après une gravure du Cabinet des Estampes.)

étaient longues comme des défenses de sanglier, leurs mains étaient d'airain, et sur leurs épaules flottaient des ailes d'or qui les transportaient à travers les airs. Euryale et Sthéno étaient immortelles, et ne vieillissaient pas. Méduse, belle jadis et aimée de Neptune, ayant osé l'entretenir de son amour dans un temple consacré à Minerve, s'était vue soudainement châtiée de cette profanation. La déesse, furieuse, l'avait rendue aussi repous-

sante que ses deux sœurs, avait transformé ses cheveux
en serpents, et, par surcroît, lui avait infligé la honte
d'être mortelle.

On ne savait cependant pas en quel lieu séjournaient
les Gorgones; mais Persée, confiant dans sa bonne
étoile, se disposa quand même à partir. A ce moment,
Minerve, toujours irritée contre cette Méduse qui se
vantait tant autrefois de l'emporter sur elle en beauté,
lui apparut : elle lui montra en secret, à l'aide d'un
miroir magique, l'image de la Gorgone, lui recommanda
de ne point regarder là-bas la face du monstre, non
plus que celle de ses sœurs, et, au surplus, lui promit de
lui venir en aide. Muni de cet espoir, et aussi d'un long
glaive d'airain que lui donna le dieu Mercure, Persée mit
à la voile et se dirigea, guidé par sa protectrice invisible, vers le rivage de la Mysie.

Là, dans les plaines de Cisthène, habitaient les trois
sœurs des Gorgones, les Grées (*les Vieilles*), vieilles
femmes hideuses, venues au monde avec des cheveux
blancs, et qui, pour elles trois, n'avaient qu'un œil et
qu'une dent, dont elles se servaient tour à tour. Elles
seules au monde connaissaient le lieu où résidaient les
Gorgones : Persée, pour les contraindre à le lui révéler,
leur enleva de force cet œil et cette dent, promettant
d'ailleurs de les leur rendre si elles consentaient à le
renseigner. Quand il eut appris d'elles tout ce qu'il désirait savoir, le héros leur déroba des sandales ailées qu'il
noua solidement à ses talons, une besace pour y enfermer
la tête qu'il devait couper, et une sorte de sombre casque,
d'où s'échappaient des nuées qui rendaient invisible; il
restitua aux trois vieilles leur œil et leur dent, et s'envola
à travers l'espace, désormais porté sur les talonnières
dont il s'était chaussé.

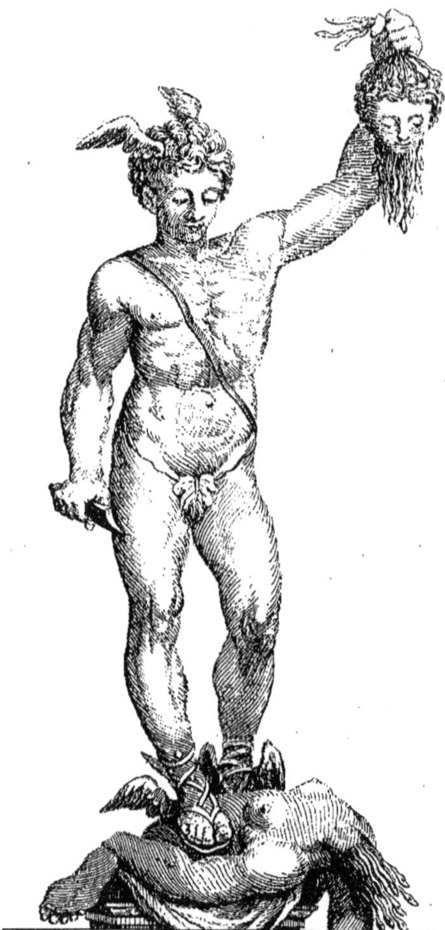

Persée vainqueur de Méduse.
(Bronze de Benvenuto Cellini.)

Il arrive aux contrées désertes de la Cyrénaïque, où il trouve les Gorgones endormies. Il s'approche, et se ressouvenant de la recommandation de Minerve, il détourne les yeux, s'arme de son long glaive d'airain, et, planant au-dessus des monstres, d'un seul coup, que guide la déesse, tranche la tête à Méduse. Euryale et Sthéno se réveillent au bruit, et, promptement debout, se disposent à venger leur sœur; mais du tronc mutilé de la Gorgone s'élance un cheval fougueux et ailé : c'est Pégase (1). Plus vite que l'éclair, Persée l'enfourche, et se sauve avec la tête qu'il a jetée dans la besace. Les deux sœurs, soulevées sur leurs ailes d'or, le poursuivent, mais, autour du sombre casque, d'épaisses ténèbres s'obscurcissent, enveloppant le héros qui disparaît dans la nuit.

Une fois dans les airs, Persée lance son coursier à tire-d'aile, arrive en Mauritanie et demande l'hospitalité au géant Atlas, roi de cette contrée. Le géant la lui refusant, Persée tire brusquement de sa besace la tête effrayante, et Atlas, qui la regarde, est soudainement métamorphosé en un gigantesque rocher. — Le héros reprend son vol, et fait route vers l'Éthiopie. Là régnait Céphée, dont l'épouse, Cassiopée, s'était un jour vantée d'être plus belle que les Néréides, filles de Nérée, le dieu marin. Irrité de cette outrecuidance, Neptune avait inondé le pays et envoyé dans l'intérieur des terres un de ses monstres pour le ravager. Céphée consulta l'oracle, qui lui répondit qu'il n'y avait qu'un moyen de porter remède à ce fléau : c'était qu'il exposât sa fille Andromède, enchaînée au sommet d'une falaise, à la fureur du monstre. Or Persée prenait pied sur le sol d'Éthiopie le jour même où la malheureuse Andromède venait d'être

(1) Voir *Les Muses*, p. 20.

offerte en sacrifice expiatoire. Accueilli par Céphée, il apprend de lui ce qu'exige l'oracle : il s'émeut de pitié, prie le roi de lui donner la main de sa fille s'il réussit à sauver la vierge, et, sur la promesse qu'il en reçoit, vole au haut de la falaise, attend le monstre, l'immole, délivre Andromède, et la reçoit à titre d'épouse.

Quelques jours plus tard, Persée quittait l'Éthiopie, et rentrait, porté cette fois sur les ailes de ses sandales, dans l'île de Sériphe. A peine y est-il arrivé, qu'il apprend que Polydecte ne cesse d'outrager sa mère, et que Dictys, chassé du trône, a grand'peine à la protéger contre d'insolentes poursuites. Réfugiée dans le temple de Minerve, d'où Polydecte n'ose pourtant pas l'arracher, Danaé supplie la déesse de lui envoyer un sauveur. Persée se dirige en toute hâte vers le palais, et, y rencontrant le roi escorté de ses vils compagnons, il leur présente la tête de la Gorgone, qui les pétrifie sur place. Alors il rétablit Dictys sur le trône, puis, comme ses exploits sont terminés, il voue à Mercure ses sandales, sa besace et son casque d'airain, la tête de Méduse à Minerve, qui la place au centre de son bouclier (1), et s'en retourne au pays natal de son père, à Argos, avec sa mère et son épouse Andromède.

Or, le roi Prœtus était mort, et Acrisius, son frère, était revenu de la Phrygie pour lui succéder. Au premier bruit que Persée se disposait à venir, le vieux roi, se ressouvenant des prédictions de l'oracle, s'éclipse brusquement et va se cacher chez les Pélasges de la Thessalie. Là du moins il peut attendre en sûreté que son petit-fils s'éloigne enfin de sa capitale. Mais la destinée devait s'accomplir. Le roi de Larissa, qui venait de perdre son

____

(1) Voir *Minerve*, p. 15.

père, fit publier de toutes parts qu'il allait donner des
jeux funèbres en l'honneur du défunt. Acrisius y vint,
poussé par une curiosité fatale : et en effet, à la lutte du
pentathle (1), il reçut en plein front, lui spectateur, un
lourd disque de plomb qui, lancé par un hardi jouteur,
avait rebondi sur le sol bien au delà de tous les autres.
Ce jouteur était son fils, venu de loin, lui aussi, à l'annonce des jeux et qui, bien involontairement, sans le
savoir, venait ainsi de réaliser la prédiction de l'oracle.

Persée ensevelit son père, mais, n'osant pas retourner
en cette Argos dont il eût rougi de recueillir l'héritage
au prix d'une telle mort, il se rendit à Tirynthe, auprès
du fils de Prœtus, Mégapenthès, et lui offrit d'échanger
leurs royaumes. Et c'est ainsi que Persée régna sur
Tirynthe et sur Mycènes. Il eut, au nombre de ses enfants,
Alcée, le père d'Amphitryon, et, pour arrière-petit-fils, le
grand Hercule, si souvent désigné sous le nom d'*Alcide*. —
On ne sait rien concernant la fin de sa vie. Après sa mort,
il fut placé au rang des dieux, et des autels lui furent
élevés à Mycènes et à Sériphe. Les Athéniens lui bâtirent
un temple, dans lequel ils élevèrent un autel à Dictys, et,
de la famille royale d'Éthiopie, la crédulité publique fit
trois constellations, Andromède, Cassiope et Céphée.

Les Pélopides.

La légende des Pélopides est la plus sombre, la plus
tragique, la plus affreuse de toutes celles qu'a créées
l'imagination des Hellènes. Elle n'est, d'un bout à l'autre,
qu'un long tissu d'horreurs, dont ont formé leur trame

(1) Le *pentathle* était l'ensemble des cinq exercices gymniques et
comportait le lancer du disque, la course, le saut, la lutte et le lancer
du javelot.

quelques-uns des drames les plus pathétiques du théâtre
grec. De génération en génération, les fautes et les
crimes s'accumulent, avec la pleine responsabilité de
leurs auteurs, dans cette famille scélérate et maudite.

Tantale est l'ancêtre. Fils de Jupiter, il régnait sur la
Lydie, au pied du mont Sipyle, puissant et riche, admis
dans la société des dieux mêmes. Enivré de sa haute
fortune, il traita l'Olympe en pays conquis, dérobant à
la table où l'on daignait lui faire place, du nectar et de
l'ambroisie, dont il faisait don à quelques-uns de ses amis
terrestres, — révélant un autre jour les secrets des
immortels qu'il desservait auprès des hommes, — une
autre fois... le Soleil en rebroussa chemin d'épouvante.

C'était au cours d'un banquet auquel il avait invité les
dieux. Il servait à la ronde d'énormes morceaux d'une
chair bouillie. Cérès, mourante de faim à cause de ses
récentes et vaines poursuites à la recherche de sa fille (1),
avait déjà fait disparaître sa part, quand Jupiter s'écria,
sur un effroyable ton de courroux, que ce qu'on leur
donnait à manger là n'était autre chose que de la chair
humaine. Et c'était vrai : Tantale, pour éprouver ses hôtes,
avait coupé en morceaux son propre fils, Pélops, dans
l'espérance folle que les dieux, avec leur soi-disant
sagesse, ne s'en apercevraient pas. Jupiter chargea
Mercure de rassembler au plus vite les diverses parties
du corps mutilé, puis de les jeter dans une chaudière
magique (2), d'où la parque Clotho retira Pélops en parfaite santé. Toutefois, pour remplacer l'épaule dévorée
par Cérès, Jupiter lui en remit une en ivoire. Cela fait, il
précipita Tantale dans les abîmes du Tartare. — Là, le
criminel, en proie à une soif brûlante, est plongé au

(1) Voir *Cérès*, p. 46 et suiv.
(2) Voir *Les Argonautes* (Médée), p. 150.

milieu d'un étang, dont l'eau s'élève jusqu'à sa lèvre inférieure, mais s'abaisse toutes les fois qu'il veut se baisser
lui-même pour y boire. Au-dessus de lui, un arbre chargé
de fruits incline ses branches jusqu'auprès de sa main,
mais les branches se redressent, chassées par le vent,
toutes les fois qu'il cherche à les saisir pour apaiser la
faim dévorante dont il est aussi tourmenté.

Pélops, parvenu à l'adolescence, ayant entendu
vanter la beauté d'Hippodamie, la fille d'un roi de
l'Élide, quitta son royaume de Lydie, et s'en vint à Pise,
à la cour d'Œnomaüs, avec l'intention de demander la
main de la jeune princesse. Or, un oracle avait prédit à
ce roi qu'il mourrait le jour même où sa fille trouverait
un époux. En conséquence, Œnomaüs, dont les chevaux
étaient réputés pour leur rapidité merveilleuse, avait
publié qu'il ne donnerait Hippodamie qu'à celui des
prétendants à sa main qui le surpasserait à la course
des chars. Tout prétendant vaincu devait être immolé.
Pour les vaincre plus facilement, le roi faisait placer
Hippodamie sur son char, de façon que la beauté de la
jeune fille, en attirant leurs regards, les empêchât
d'être attentifs à la conduite de leurs chevaux. Dix-sept
concurrents avaient déjà couru la chance, — et leurs
cendres à tous reposaient dans un tombeau commun.
Chaque fois qu'un amant se présentait, Œnomaüs se rendait Jupiter favorable par le sacrifice d'un bélier : alors ses
rapides coursiers, attelés par le cocher Myrtile, l'empor-
taient, comme soulevé par les ailes du vent, sur la longue
piste qui, partant d'Olympie, s'étendait jusqu'à l'isthme
de Corinthe, et dépassaient sans peine le char du malheureux, auquel son audace coûtait la vie. — Enfin Pélops
se présenta. Il avait bien aperçu, clouées sur les hauts

montants de la porte de Pise, les têtes des autres prétendants, mais il s'était dit qu'il serait plus habile
qu'eux tous, et songeait d'ailleurs à s'assurer la victoire
par quelque moyen détourné. La veille de la lutte, il se
rendit, dans l'obscurité de la nuit, sur le rivage de la
mer, et là, invoquant l'assistance de Neptune, reçut du
dieu un char d'or et des chevaux ailés, aux pieds infatigables. Puis, dès que parut l'aurore, il alla trouver
Myrtile, et lui offrit, s'il voulait lui procurer la victoire,
la moitié du royaume de Pise. L'écuyer infidèle accepta
de trahir son maître, et ôta l'une des clavettes qui rete-
naient sur l'essieu les roues du char.... Alors le roi de
Pise est à peine lancé sur la piste qu'il tombe, renversé, et
meurt de sa chute. Pélops épouse Hippodamie, monte sur
le trône, — et refuse de payer à Myrtile la récompense
qu'il lui avait promise. Il fait plus : pour se délivrer de
réclamations obsédantes, il saisit un jour l'infortuné, et
le précipite dans la mer. Mais Myrtile est fils de dieu,
et, en expirant, il appelle sur la race des Pélopides la
colère vengeresse des Furies et celle de Mercure, son père.
— Cependant Pélops, devenu maître de l'Élide, donna son
nom à tout le Péloponèse. Quant à Hippodamie, après
avoir mis au monde un grand nombre d'enfants mâles,
dont les plus fameux devaient être Atrée et Thyeste,
elle alla mourir en Argolide, bannie par son époux,
ainsi que ses deux fils, pour avoir pris part au meurtre
de Chrysippe, un jeune garçon d'une éclatante beauté,
que Pélops avait eu d'une nymphe et qu'il préférait à
tous ses autres enfants.

Or, à Mycènes, dans l'Argolide, régnait le neveu même
d'Atrée et de Thyeste, Eurysthée, dont la mère, fille de
Pélops, avait épousé le roi Sthénélus. Quand Eurysthée

eut été vaincu et tué en Attique par les Héraclides (1),
Thyeste prétendit lui succéder. Son frère, Atrée, lui
opposa ses propres prétentions. Et en effet il possédait
parmi ses troupeaux un *agneau d'or*, présent fatal de
Mercure, que le dieu lui avait donné précisément pour
faire naître un jour la discorde entre les deux frères,
car à la possession de cet agneau étaient attachés le
salut du royaume et la prospérité de la famille régnante.
Thyeste alors, corrompant Érope, sa belle-sœur, dérobe
l'agneau et l'emmène dans ses étables. Il paraît ensuite
sur la place publique et déclare au peuple de Mycènes
qu'il est le maître de l'animal merveilleux, et que, par
conséquent, c'est bien à lui, et à nul autre, que, de droit,
revient la royauté. Mais il avait à peine fini de parler
que, pour manifester l'imposture, le Soleil, tout près
alors de disparaître à l'horizon, reprit subitement sa
marche du côté de l'Orient. La fraude était découverte.
Thyeste s'exila de lui-même, et Atrée rentra en possession
de son bien.

Thyeste alors médita sa vengeance. Dans l'Élide, où
il venait de se réfugier, il s'était fait suivre d'Érope, la
femme de son frère, qui, peu après, le rendait père de
deux fils et d'une fille, Pélopie. Un jour, l'oracle, qu'il
avait été consulter, lui ayant répondu que, s'il épousait
sa propre fille, il naîtrait de cet hymen monstrueux un
fils qui serait son vengeur, il n'hésita pas à consommer
le sacrilège, et Pélopie mit au monde Égisthe. Elle confia
le nouveau-né aux mains de chevriers du pays, et en
même temps leur remit une épée qui appartenait à
Thyeste, avec ordre de la donner à l'enfant quand il
aurait atteint l'âge d'homme. Surtout, on ne devait
jamais lui révéler sa naissance.

(1) Voir *Hercule*, p. 118.

Cependant, séduit par les nombreuses et perfides sollicitations de son frère, qui, lui non plus, ne renonçait pas à satisfaire son implacable haine, Thyeste revient à Mycènes, rentre au palais d'Atrée qui feint d'avoir tout oublié, et qui, pour sceller la réconciliation, l'invite à un banquet. C'est jour de fête, on le dirait du moins, car ce qu'Atrée va servir à son hôte fraternel, c'est la chair des propres fils de Thyeste, de ceux-là qu'il eut d'Érope à la suite de son rapt criminel. Assis au haut bout de la table, le roi dépèce en mille morceaux, pour chacun des convives, le tronc, les membres, les doigts des pieds et des mains. Ainsi méconnaissables, ils sont présentés au père qui prend sans défiance et dévore l'horrible aliment. A la fin du banquet, il demande ses enfants pour les embrasser, et porte à ses lèvres la coupe qu'on vient de lui remplir. Mais soudain il la rejette avec épouvante, car c'est de sang qu'elle est pleine, et en effet, dans l'instant même, pour mieux lui faire comprendre dans quelles veines coulait jadis ce sang, Atrée lui présente sur un plat d'argent les têtes de ses deux fils. Alors Thyeste, poussant des hurlements de douleur, se roule à terre en rejetant l'abominable nourriture, et du pied renversant la table, appelle sur la race des Atrides les malédictions divines et d'effroyables catastrophes. Pour la seconde fois, le Soleil épouvanté se détourna de sa route, et la Terre s'enveloppa, dit-on, d'épaisses ténèbres.

Thyeste s'enfuit de Mycènes, attendant l'heure des représailles et du châtiment.

Les années s'étaient écoulées. Égisthe avait atteint l'âge d'homme, et, fier de l'épée que lui avaient donnée ses amis les chevriers, il était venu se présenter à la cour de Mycènes, où le roi l'avait accueilli et bientôt aimé à l'égal de ses deux fils adoptifs, Agamemnon et Ménélas, enfants de Plisthène, son frère. Il s'y était même d'autant plus attaché que ses neveux, partis à la poursuite de Thyeste, dont le roi redoutait toujours quelque mauvais coup, tardaient à revenir. Enfin ils venaient d'atteindre leur oncle, et l'avaient ramené à Mycènes, où, avant de le faire périr, Atrée le tenait enfermé dans un étroit souterrain. Quand il l'eut bien torturé par la faim et par la soif, il donna l'ordre à Égisthe d'aller tuer le prisonnier. Le jeune homme pénètre donc dans le cachot, et tire son épée ; mais, à la vue de ce glaive qu'il reconnaît pour le sien, Thyeste, rempli d'effroi, rassemble toutes ses forces, arrête le bras déjà prêt à frapper, et révèle à son fils interdit le mystère de sa naissance. Alors tous deux, au fond de cette prison solitaire, unissant leurs sentiments de haine et de férocité, complotent l'ultime vengeance et le meurtre d'Atrée. A ce moment apparaît une femme : c'est Pélopie, à qui ses ruses tenaces ont ouvert la porte du souterrain, et qui vient apporter ses consolations à celui qui est tout à la fois son père et son époux. Elle le croyait seul, mais, soudainement honteuse de se retrouver en face de son fils, elle s'empare de l'épée qu'il tenait encore à la main, et se la plonge dans le cœur. Égisthe l'arrache toute sanglante du sein de sa mère, et, se précipitant au dehors, remonte aussitôt dans le palais, et y cherche Atrée de toutes parts. Il apprend que le roi est au bord de la mer et qu'il y fait un sacrifice pour rendre grâces aux dieux de la mort de son ennemi. Il y court, le trouve, et le massacre au pied des autels. — Ce meurtre accompli, il installe son père sur le trône de Mycènes, mais Thyeste n'y devait point rester. Agamemnon et Ménélas, qui, tout d'abord, s'étaient enfuis, revinrent avec une armée que

leur prêtait Tyndare, le roi de Sparte, reprirent la
ville de Mycènes, et en chassèrent définitivement Thyeste
qui s'en alla mourir on ne sait où. — Égisthe devait encore
le venger un jour. En attendant, il fit publiquement sa
paix avec Agamemnon, proclamé roi.

Le nouveau roi de Mycènes avait épousé la fille de
Tyndare, Clytemnestre, dont Ménélas épousait la sœur,
Hélène.

Cette Hélène avait toujours été remarquable par sa
beauté véritablement surhumaine. A peine âgée de
dix ans, elle se voyait enlevée par Thésée, qui la mettait
sous la garde de sa mère. Il fallut que Castor et Pollux,
ses frères, se missent à sa recherche et la ramenassent
à la maison paternelle (1). Un jour Tyndare, offrant un
sacrifice aux divinités de l'Olympe, oublia par inadver-
tance de faire la part de Vénus. La déesse, irritée,
décréta qu'Hélène serait infidèle à son époux et deviendrait la cause des plus grands malheurs. Aussi, quand
le roi la vit recherchée par la plupart des princes de la
Grèce, il rassembla tous les prétendants, et, sur le conseil
d'Ulysse, roi d'Ithaque, qui briguait lui-même la main
de la princesse, leur fit jurer à tous que, quel que fût
celui d'entre eux sur qui se fixerait le choix de sa fille,
ils vengeraient tous, de concert, Hélène et son époux, s'il
arrivait que l'un ou l'autre fût outragé. Tous jurèrent,
car chacun d'eux avait le secret espoir d'être le préféré.
Hélène se détermina en faveur de Ménélas, qui, au comble
de ses désirs, mena pendant trois années la vie la plus
heureuse. Tyndare lui remit le pouvoir souverain, et,
pour reconnaître le service qu'Ulysse lui avait rendu en
cette circonstance, il obtint d'Icarius, Lacédémonien

(1) Voir *Les Tyndarides*, p. 205.

noble et puissant, qu'il accordât au roi d'Ithaque la main de sa fille, la très sage Pénélope.

Cependant le beau Pâris (1), fils de Priam, roi de Troie, était venu en Grèce pour y réclamer à Télamon, roi de Salamine, l'héritage de sa tante Hésione, la sœur de son père. Ce héros, dont les devins avaient prédit, à sa naissance, qu'il causerait un jour la ruine de son pays (2), exposé tout d'abord sur le mont Ida, puis miraculeusement conservé, venait, par le plus grand des hasards, de rentrer en grâce auprès du roi Priam, qui n'avait pu se tenir d'ouvrir les bras à ce fils qu'il croyait perdu, qu'il retrouvait vainqueur dans un concours de jeux publics, et qu'il reconnaissait, en l'interrogeant, à des signes non équivoques. Hélas! dans son aveugle amour, il oubliait les devins d'autrefois, et les prédictions fatales étaient à la veille de s'accomplir. — Pâris était donc parti pour la Grèce. Ses affaires terminées, et de passage à Sparte, il y avait été cordialement reçu par Ménélas, mais, soit qu'il voulût venger sur un Grec le rapt d'Hésione, jadis donnée de force à Télamon par Hercule (3), soit plutôt qu'oublieux des devoirs dus à l'hospitalité, il fût tombé amoureux de la belle Hélène et lui eût proposé de fuir, il profita d'un court voyage que Ménélas faisait en Crète pour l'enlever et gagner, à force de rames, une des îles de l'Archipel, et, de là, le littoral de la Phrygie. Le vieux Priam, qui ne voyait dans ce rapt que de justes représailles, reçut son fils avec des transports de joie : il ne se doutait guère que les Grecs viendraient bientôt la lui réclamer avec plus de mille vaisseaux, et qu'à leur tour ils vengeraient de la façon

(1) Voir *Pélée*, p. 137.
(2) Voir *Pélée*, p. 138.
(3) Voir *Les Argonautes*, p. 148.

la plus cruelle l'outrage qui venait d'être fait à l'un
d'entre eux.

Les Atrides, — ou neveux d'Atrée, — envoyèrent tout
d'abord des ambassadeurs, qui ne furent pas écoutés.
Alors Ménélas parcourut toute la Grèce, et, attestant
le serment fait autrefois à Tyndare, il répétait partout
que les rois étaient tenus de secourir l'offensé. Enfin, au
bout de deux années, les rois grecs, ayant revêtu leurs
armures et rassemblé leurs hommes, se réunirent sur
la plage resserrée d'Aulis, ville de la Béotie, avec une
multitude de vaisseaux, de boucliers, de chevaux et de
chars. Agamemnon brigua le commandement en chef
de l'expédition, et l'obtint. En quittant Mycènes, il avait
confié à son cousin Égisthe la régence du royaume,
Clytemnestre sa femme, ses trois filles, Iphigénie,
Chrysothémis, Électre, et le tout jeune Oreste.

Or, tandis que la flotte grecque se préparait au départ,
un propos impie s'échappa des lèvres d'Agamemnon :
il se vanta d'être plus habile chasseur que Diane,
ajoutant même qu'il avait tué une biche dans un bois
consacré à la déesse. Diane, irritée, pria le dieu des
vents de tenir leur souffle enchaîné. — Force fut de
recourir à l'oracle. Le devin Calchas déclara que les
vents ne se remettraient à souffler que si l'on sacrifiait
Iphigénie, la fille même d'Agamemnon. Après bien des
hésitations, le roi des rois, cédant à la pression d'Ulysse
et aussi au désir de gloire qui le possédait, se décida
enfin à faire venir sa fille de Mycènes : il donnait comme
prétexte qu'il désirait la marier à Achille avant le départ
de la flotte. Iphigénie vint, heureuse et confiante, — et
Calchas la conduisit à l'autel du sacrifice. Cependant
Diane eut pitié de la vierge. Au moment où le couteau
du grand prêtre allait pénétrer dans sa chair, la déesse

Sacrifice d'Iphigénie.

lui substitua une biche, et transporta la fille d'Agamemnon en Tauride, où elle l'établit sa prêtresse, lui faisant une loi de sacrifier tout étranger qui aborderait sur ces côtes inhospitalières.

La flotte alors mit à la voile et vogua vers la ville de Troie. Tous ces Grecs étaient braves, mais le vieux roi Priam avait, lui aussi, de vaillants défenseurs, et, d'ailleurs, l'armée des assiégeants était tellement considérable que, pour trouver sa subsistance, elle devait se disperser tout autour de la ville et loin dans la campagne, ce qui permit aux Troyens de résister dix ans. Par deux fois, le roi des rois proposa de lever le siège et de partir. Il s'était, au cours de la dixième année, brouillé avec Achille, à qui il avait injustement dérobé une de ses plus jolies captives, et, de colère, le bouillant roi des Myrmidons s'était retiré dans sa tente, d'où il ne consentait à sortir enfin que pour venger sur les Troyens la mort de son ami Patrocle. Troie succomba, et fut réduite en cendres. Les chefs de la Grèce revinrent en leurs foyers, et Agamemnon ramenait avec lui Cassandre, la plus belle des filles de Priam et d'Hécube, belle comme Vénus, et douée du don de prophétie. — Un jour en effet que, toute jeune encore, cette princesse avait été laissée seule avec son frère Hélénus dans un temple d'Apollon, on trouva le lendemain les deux enfants enlacés par des serpents qui leur léchaient les oreilles, de telle sorte que, depuis lors, ils comprenaient l'un et l'autre la langue divine des choses et de la nature, et qu'ils savaient prophétiser. Par malheur, Apollon devint amoureux de Cassandre, sans que la jeune fille pût elle-même consentir à l'aimer. De dépit, le dieu décida que nul au monde désormais n'ajouterait foi aux prédictions de Cassandre, et qu'elle passerait pour folle à tous les yeux. — Or, la captive d'Agamemnon, touchée de la noblesse d'âme de son maître, le suppliait de ne point retourner à Mycènes, l'assurant qu'il avait tout à redouter de Clytemnestre, et que, s'il remettait les pieds dans son palais, c'était fait de lui. Agamemnon ne la crut point, et courut à sa destinée.

C'est que la reine Clytemnestre n'avait point oublié le meurtre de sa fille préférée, elle gardait à son barbare époux une effroyable rancune. Elle unit donc ses ressentiments à la haine qu'Égisthe conservait toujours aux Atrides : elle épousa cet homme en qui Agamemnon avait mis sa confiance, et, quand reparut enfin celui que l'on n'attendait plus après une si longue absence, on l'accueillit à bras ouverts, on lui offrit, selon l'usage, un bain pour délasser ses membres, puis, traîtreusement, on jeta sur lui un lourd fil et bordé de plomb, et, à coups de hache, comme on fait d'un bœuf, on l'assomma. — Quant à Cassandre, elle était massacrée par Clytemnestre, tandis que, seule à l'écart, elle exhalait en vers prophétiques l'horreur que lui inspirait le meurtre qui était en train de s'accomplir (1).

La mère venait de venger sa fille ; le fils devait bientôt venger son père. Électre, en effet, redoutant pour son jeune frère, alors âgé de douze ans, le sort d'Agamemnon, prit sur elle de le soustraire aux mauvais traitements de Clytemnestre, et surtout d'Égisthe, que la vie de cet enfant ne rassurait pas. Elle l'envoya, par les soins d'un de ses esclaves, chez son oncle, Strophius, roi de Phocide, qui avait épousé la sœur de son père. C'est là qu'Oreste connut Pylade, son cousin germain, et que les deux jeunes gens se lièrent de cette

(1) Eschyle : *Agamemnon.*

amitié inséparable qui, à elle toute seule, les devait
rendre immortels. — Cependant Électre, maltraitée par
sa mère, ne cessait d'adresser à Oreste des messagers
fidèles pour lui rappeler le meurtre de leur père et
l'exciter à la vengeance. Quand donc il eut atteint sa
vingtième année, Oreste, accompagné de Pylade, quitte
soudain la Phocide, et, sans se faire annoncer, rentre
secrètement à Mycènes. Il arrive auprès du tombeau
d'Agamemnon, invoque les mânes paternels, et dépose
sur la pierre, en guise d'offrande, une boucle de ses cheveux. Au même instant, des captives troyennes, conduites
par Électre, s'avancent avec lenteur, et viennent faire
des libations sur le monument du feu roi : c'est Clytemnestre qui les envoie, dans l'espoir de détourner les pré-
sages terribles d'un songe qu'elle eut au cours de la
dernière nuit. Électre aperçoit la boucle et reconnaît
les cheveux de son frère. Alors, tandis qu'elle s'exalte
et prophétise, Oreste, qui, par prudence, s'était caché
à l'arrivée des femmes, se découvre brusquement à sa
sœur, et tous deux complotent la perte des assassins. —
La difficulté est de pénétrer dans le palais, mais Oreste
se donnera pour un étranger de Phocide, chargé d'annoncer à Égisthe la mort du fils d'Agamemnon. Tout s'exé-
cute en effet comme le frère et la sœur l'avaient prévu.
Oreste tue Égisthe, puis, se retournant contre sa mère,
et poussé à la consommation du sacrilège par la voix
sévère de Pylade qui, le voyant défaillir, lui remet en
mémoire l'ordre et les menaces d'Apollon qu'il a consulté,
il plonge son épée dans le sein de Clytemnestre (1).

Cependant son parricide se présente à lui sous les
traits les plus effrayants : à tout moment, il croit voir

(1) Eschyle : *Les Choéphores.*

l'ombre de sa mère, accompagnée des Furies (1) dont les
serpents affreux sifflent autour de lui. Pour fuir les
épouvantables déesses, il se met à errer de contrée en
contrée. Il entre dans le temple de Delphes, où l'oracle
lui prédit qu'il trouvera près d'Athènes la fin de ses
maux. Il y court, suivi de loin par les Furies qui s'étaient
un moment endormies de fatigue sur les marches du

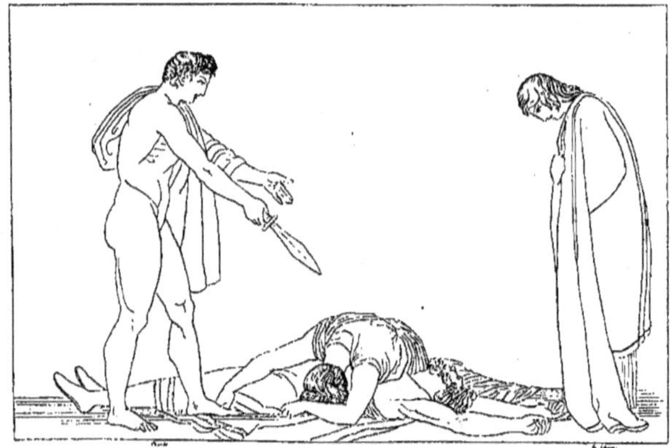

Mort d'Égisthe et de Clytemnestre.
(D'après une gravure du Cabinet des Estampes.)

temple, et qui, au réveil, voyant que leur victime leur
avait échappé, poussent des cris sauvages et s'élancent en désordre à la poursuite du criminel. Enfin
il arrive près d'Athènes, sur la colline d'*Arès* (Mars).
Il tient embrassée la statue de Minerve, placée devant
le temple de la déesse, et les Furies sont là, récla-
mant la tête du coupable. Minerve paraît, s'entoure

(1) Voir *Les Enfers,* d'après Virgile, p. 80.

Oreste poursuivi par les Furies.
(D'après une gravure du Cabinet des Estampes.

d'un tribunal composé d'Athéniens, et le procès se
plaide. Les suffrages sont égaux de part et d'autre. Alors
Pallas, qui n'a point encore dit son mot, fait pencher
la balance en faveur de son suppliant, et Oreste est
absous de son crime.

En souvenir de ce grand débat, les Athéniens établirent sur la colline d'Arès le tribunal sacré de l'*Aréopage* (1). Les Furies, apaisées par l'éloquence persuasive de Minerve, promettent de bénir le sol de l'Attique
où la déesse leur réserve un sanctuaire sous le vocable
d'*Euménides*, c'est-à-dire les Bienveillantes (2).

Malgré l'absolution qu'il avait reçue des dieux et des
hommes, Oreste vivait encore dans une agitation extraordinaire, bien voisine de son ancienne folie. Rétabli au
trône de Mycènes, il ne goûtait aucun repos. Sur le
conseil de son ami Pylade, il consulta l'oracle de Delphes,
qui lui rendit l'espoir et lui ordonna d'aller chercher en
Tauride la statue de Diane et de l'apporter à Athènes.

Les deux amis se mirent donc en route. Ils arrivent
sur les côtes de la Tauride, mais, surpris par les habitants de cette contrée sauvage, ils sont chargés de
chaînes et conduits à la prêtresse, à Iphigénie, qui les doit
immoler. Cependant Iphigénie a reconnu des Grecs, elle les
questionne avec insistance, et apprend d'eux qu'Oreste
n'est pas mort. Dans le secret de sa joie, elle écrit un
message pour ce frère bien-aimé, offrant la vie à celui
des deux qui le portera jusqu'en Grèce. Alors s'engage
entre les amis un combat de sublime générosité : c'est à
qui des deux veut rester et mourir. Tout à coup, à de cer-
taines paroles échangées avec eux, la prêtresse reconnaît

(1) *Aréopage* signifie exactement *Bourg d'Arès*.
(2) Eschyle : les *Euménides*.

en Oreste son propre frère et se fait connaître elle-même.
Épouvantée du crime involontaire qu'elle allait com-
mettre, elle persuade au roi que ces étrangers sont
coupables d'un meurtre et qu'ils ne peuvent être immolés
qu'après des purifications préliminaires. Le roi consent
à ce qu'elle veut, et, la nuit suivante, les deux amis s'enfuient avec Iphigénie, emportant la statue de Diane (1),
qu'ils déposent à Brauron, un bourg de l'Attique. —
Iphigénie consacra en ce lieu un temple à la déesse,
dont elle continua d'être la prêtresse jusqu'à sa mort.

De retour à Mycènes, Oreste offrit à Pylade la main de
sa sœur Électre, et songea lui-même à épouser sa cousine
Hermione, la fille de Ménélas. — Avant de partir pour la
guerre de Troie, le roi de Sparte et son frère avaient
fiancé l'un à l'autre les deux enfants encore tout jeunes,
et Oreste avait grandi depuis lors dans l'espérance
d'épouser un jour celle qu'on lui avait destinée. Par
malheur, Ménélas, sous les murs mêmes de Troie, s'était
dégagé de sa parole, et, en reconnaissance des services
que lui rendait Achille en cette expédition, il avait promis
à Pyrrhus, le fils du héros, de lui donner au retour la
main d'Hermione. Or, au partage des captifs troyens,
Andromaque, veuve d'Hector, le fils chéri de Priam et le
plus vaillant défenseur de Troie, avait été assignée à
Pyrrhus, et le fils d'Achille avait repris la mer avec son
butin. Ballotté par les tempêtes, et toujours repoussé des
côtes de la Thessalie, il avait fini par aborder en Épire,
avait soumis le pays et en était devenu roi. Ménélas, rentré lui-même en son royaume de Sparte, venait d'envoyer
sa fille Hermione à la cour de Buthrote, capitale de l'Épire,
où le mariage devait se faire incessamment. Cependant

(1) Euripide : *Iphigénie en Tauride.*

les choses traînaient en longueur, et Hermione ne tarda
pas à s'apercevoir que le roi son fiancé était épris de sa
captive. Saisie d'une fureur jalouse, elle résolut de le tuer.
— Sur ces entrefaites, arriva tout justement à la cour
le fils d'Agamemnon. Elle ne l'aimait pas, mais Oreste
était fou d'elle. Il venait, à titre d'ambassadeur, réclamer, au nom de tous les Grecs, la mort du jeune Astyanax, fils et seul reste d'Hector, que l'on avait cru préci-
piter jadis du haut d'une tour après la prise de Troie,
mais que sa mère avait soustrait au supplice en remettant
aux ennemis, à la place de son propre fils, un autre
enfant qu'elle s'était procuré. En réalité, Oreste n'avait
demandé à venir en ambassade à Buthrote que pour y
revoir Hermione qu'il savait être là, et s'efforcer de la
soustraire au roi d'Épire. Pyrrhus, malgré les menaces
de la Grèce, refusa de livrer Astyanax : il espérait ainsi
résoudre la pauvre veuve, tenace en sa fidélité d'épouse,
à lui faire le don de sa main. Alors Hermione fit appeler
son cousin, et lui promit de devenir sa femme, s'il consentait à tuer le roi. Effrayé d'une telle demande, Oreste
n'eut pourtant pas la force de résister à celle qu'il aimait
éperdument. Il tua Pyrrhus,... mais il ne reçut point le
prix du sang. Hermione, folle de douleur, l'accabla de
malédictions, et se donna la mort. Pour la seconde fois,
Oreste devint fou (1).

Telle est du moins la légende adoptée par Racine,
notre poète tragique. Mais, au dire des Anciens, Oreste,
ayant appris, quand il fit sa demande à Ménélas, que sa
cousine venait d'être enlevée par Pyrrhus, se rendit
immédiatement à Delphes, où, par hasard, il rencontra
son rival, et l'accusa violemment de trahison auprès

(1) Racine : *Andromaque.*

des Delphiens, qui le massacrèrent. Alors il put épouser Hermione et passa paisiblement le reste de sa vie dans ses États. Il mourut en Arcadie, à l'âge de 90 ans, mordu au talon par un serpent.

On ne sait rien de Chrysothémis, la sœur d'Électre, sinon qu'elle avait mis tout en œuvre pour la détourner du projet de venger sur Clytemnestre le meurtre de son père.

Quant à Ménélas, une fois rentré en possession de son infidèle, il avait fait affreusement mutiler, avant que de quitter l'emplacement de Troie, le vaillant Déiphobe, fils de Priam, devenu, après la mort de Pâris, l'époux d'Hélène; puis il avait repris avec sa femme le chemin de la Grèce. Mais, au moment du départ, il oublia d'offrir aux dieux les hécatombes qui leur étaient dues, et les dieux courroucés décimèrent ses vaisseaux et le retinrent sept années sur les côtes de l'Égypte. Ses épreuves enfin terminées, il revit son pays; il y arriva le jour même où Oreste faisait périr Égisthe et Clytemnestre. D'Argos il gagna Sparte, sa capitale, et y vécut plein de gloire et de richesse, en compagnie d'Hélène, qui, disait-elle, avait versé bien des larmes à Troie après son repentir, et dont le cœur avait toujours nourri un tendre désir de revoir son premier époux, ses parents et Lacédémone. C'est là que Télémaque, envoyé par Pénélope, sa mère, à la recherche d'Ulysse, trouva le roi de Sparte vivant en parfaite intelligence avec cette femme fatale, qui avait occasionné tant de maux.

Ménélas, d'ailleurs, n'eut jamais à subir la mort. Les divinités, pour reconnaître en lui le gendre de Jupiter, le transportèrent tout vivant aux extrémités de la terre, dans ce séjour élyséen des âmes bienheureuses, réservé aux enfants des dieux et aux héros couverts de gloire (1).

Mais il existe deux traditions relatives à la fin d'Hélène. D'après l'une, elle était immortelle (2), et, quand eut disparu son époux, elle fut admise elle-même parmi les astres. — D'après l'autre, Hélène, bannie du royaume par Mégapenthe, l'un des fils que Ménélas avait eus d'une esclave, se serait retirée à Rhodes chez une de ses amies, Polyxo, veuve du feu roi de l'île, jadis mort devant Troie. Cependant Polyxo se résolut à venger sur elle la perte de son mari et de tant d'autres héros. Un jour, tandis que l'ancienne amante de Pâris prenait son bain, elle envoya auprès d'elle ses propres servantes déguisées en Furies. Ces femmes s'emparèrent d'Hélène, l'étouffèrent dans le bain, puis la pendirent à un arbre.

Ainsi pesait jusque sur les derniers membres de cette race tragique et lugubre la malédiction jetée sur elle dès le crime de Tantale.

(1) C'est ce qu'on appelle les *Iles des Bienheureux*.
(2) Voir *Les Tyndarides*, p. 204.

VIII. — Légende de l'Arcadie.

Atalante.

Atalante est connue par sa participation fatale à la chasse du sanglier de Calydon (1) et aussi par l'épisode fameux des pommes d'or. Son père Jasus, roi d'Arcadie, ne voulant que des enfants mâles, l'avait fait exposer sur une montagne; mais une ourse était venue l'allaiter, lui sauvant la vie, jusqu'au jour où des chasseurs, la trouvant par hasard, la recueillirent et l'élevèrent parmi eux dans toute la rudesse d'une vie agreste et à demi sauvage. Devenue grande, Atalante avait résolu de ne jamais se marier. Des centaures s'étant avisés de vouloir la ravir, elle les avait tués tous à coups de flèches. Elle vivait dans la solitude, toujours armée, toujours errante, poursuivant les bêtes fauves et frappant les rochers de sa lance pour en faire jaillir l'eau glacée dont elle étanchait sa soif. Un jour pourtant, son père exigea qu'elle prît un époux. Elle feignit d'y consentir, mais elle mit au don de sa main une telle condition, qu'elle espérait bien n'avoir jamais à la donner. Elle ficha un pieu en terre à l'extrémité d'un long stade et déclara que tous ceux qui la rechercheraient en mariage devraient atteindre le but avant elle. Elle consentait à partir la seconde, mais, si le coureur se laissait devancer, elle le tuerait au passage. Sa main serait la récompense du vainqueur. Un grand nombre de prétendants avaient déjà laissé leur vie à ce concours

(1) Voir *Méléagre*, p. 131.

d'un nouveau genre, quand un certain Mélanion —

Atalante ramassant les pommes d'or que laisse tomber Hippomène.

d'autres disent Hippomène — devint amoureux d'Ata-

lante. Il se présenta donc, et s'élança sur la piste ;— mais,
favorisé par Vénus, il avait reçu de la déesse des pommes
d'or qu'il avait soin de laisser tomber à terre, chaque
fois que la vierge était près de l'atteindre, et, chaque fois,
Atalante se baissait pour ramasser les joyaux. A ce
compte, elle fut vaincue, et Mélanion l'épousa. Leur bonheur fut, hélas! de très courte durée. Les deux époux
ayant un jour pénétré sans le savoir dans une enceinte
consacrée à Cérès, la colère de la déesse les métamorphosa en lion et en lionne.

IX. — Légende de la Laconie.

Les Tyndarides.

Tyndare, roi de Sparte, avait pour femme Léda, fille de Thestius, roi d'Étolie. Ayant oublié de faire la part de Vénus dans un sacrifice qu'il offrait un jour à toutes les divinités de l'Olympe, il s'aliéna la vindicative déesse qui résolut de le punir, dans sa femme, d'abord, — plus tard encore, dans sa fille. C'est ainsi que Léda, se baignant un matin dans les flots de l'Eurotas, vit accourir à elle un beau cygne qui, pour échapper à la poursuite d'un aigle, venait se réfugier entre ses bras. — L'aigle, c'était Vénus, et le cygne, c'était Jupiter lui-même. — A quelque temps de là, Léda mettait au monde quatre jumeaux, enfermés deux à deux dans deux œufs de cygne. De l'un de ces œufs sortirent Pollux et Hélène, de l'autre Castor et Clytemnestre. Les deux premiers, vrais rejetons du puissant Jupiter, reçurent en partage le don de l'immortalité ; les deux autres, considérés comme les simples fils de Tyndare, devaient être, comme lui, sujets à la mort. — Une autre tradition rapporte que Castor et Pollux se trouvaient dans le même œuf, Hélène et Clytemnestre dans l'autre. — Quoi qu'il en soit de cette quadruple et merveilleuse naissance, les deux frères seuls portèrent dans la suite le surnom de *Dioscures*, dénomination composée de deux mots grecs qui signifient *fils de Jupiter*. Toutefois on les appelle encore les *Tyndarides*, pour marquer que Tyndare était l'époux de leur mère.

Dès qu'ils furent nés, Mercure, sur l'ordre de leur divin père, les transporta dans la presqu'île de Pallène,

où il chargea de leur enfance et de leur éducation les
rudes habitants du pays. Les deux jeunes garçons
grandirent ensemble, et s'aimèrent d'une étroite et
inséparable amitié. Parvenus à l'âge d'homme, ils pur-
gèrent la mer et tout l'archipel des pirates qui les
sillonnaient, et ce premier exploit les fit passer pour
des dieux marins dont on invoquait l'appui pendant les
tempêtes. — Un peu plus tard, revenus dans leur pays
d'origine, c'est eux qui s'en vinrent reprendre à Thésée
leur toute jeune sœur, Hélène (1), que le roi d'Athènes
avait enlevée et confinée dans une retraite obscure, sous
la garde de sa mère Éthra. Ils firent irruption dans
l'Attique, s'emparèrent d'une partie du pays, et, guidés
par certains avis, découvrirent la retraite et ramenèrent
leur sœur avec Éthra pour captive. — Dans la suite, ils
prirent part à la chasse du sanglier de Calydon (2), puis,
avec les Argonautes, à la conquête de la Toison d'or (3). —
Au cours de cette dernière expédition, ils abordèrent en
Bithynie, où régnait Amycus, roi des Bébryces. Fier
de sa taille gigantesque et de sa force, Amycus pro-
voquait au combat du ceste (4) tous les étrangers
qui abordaient sur ses côtes, et, dans cette lutte
inégale, les malheureux trouvaient une mort infaillible.
A l'arrivée des Argonautes, le roi des Bébryces, suivant
son habitude, les provoqua insolemment. Pollux accepta
le défi, et, d'un coup de son gantelet, assomma le roi.
Depuis lors, Pollux passa pour le dieu protecteur des
lutteurs. — Quant à Castor, il était par-dessus tout un
habile cavalier, très expert dans l'art de dompter les

(1) Voir *Thésée*, p. 92.
(2) Voir *Méléagre*, p. 131.
(3) Voir *Les Argonautes*, p. 145.
(4) Gantelet garni de fer ou de plomb.

chevaux les plus fougueux : aussi l'honorait-on comme
le patron des coureurs et des écuyers. — C'est encore
pendant ce voyage en Colchide qu'il leur advint un
événement extraordinaire et qui les fit regarder comme
des divinités tutélaires de la navigation. Une forte

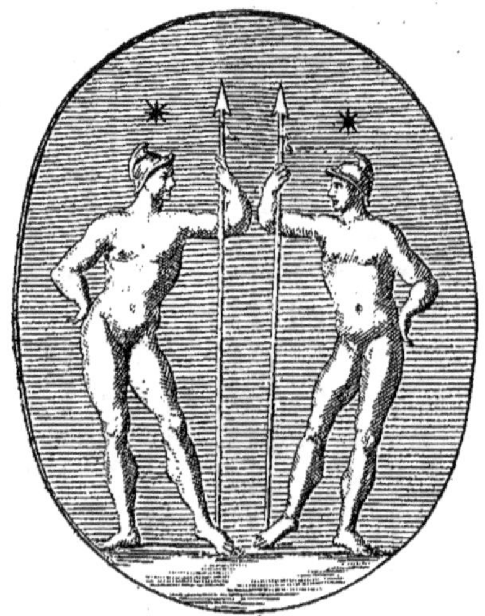

Castor et Pollux.
(D'après une gravure du Cabinet des Estampes.)

tempête avait assailli les navigateurs non loin de
l'embouchure du Phase, et déjà Orphée implorait le
secours des dieux, quand, tout à coup, l'on vit deux
flammes descendre et se poser sur la tête des Dioscures.
— Cette lueur bienfaisante, qui apparaît à la pointe des
mâts et qui présage aux marins la fin de la tourmente,

est appelée de nos jours *feu Saint-Elme*. — Aussitôt
l'orage cessa et les flots se calmèrent. C'est pourquoi
les matelots invoquaient toujours les Dioscures et
cherchaient anxieusement dans l'espace les lueurs qui
révélaient leur présence.

Au retour de cette expédition, les Tyndarides com-
mirent eux-mêmes sur leurs cousines la faute qu'ils
avaient jadis vengée sur Thésée. Le frère de leur père
avait deux filles, toutes deux d'une rare beauté, et qu'il
venait de fiancer. Invités à leurs noces, Castor et Pollux
en devinrent subitement épris et les enlevèrent. Les
jeunes époux, furieux, se lancèrent à leur poursuite
avec leurs compagnons, les atteignirent près du mont
Taygète et livrèrent bataille. L'un d'eux tomba sous les
coups de Castor, mais Castor fut blessé à mort par
l'autre qui, à son tour, tomba sous les coups de Pollux.
L'un des jumeaux allait donc rendre le dernier soupir,
et désormais son frère devait vivre éternellement seul
sur la terre. Pris de désespoir, Pollux supplia Jupiter
de lui permettre de mourir avec Castor. Mais Jupiter ne
pouvait accorder cette faveur contrairement à l'arrêt
inflexible du Destin, qui de Pollux avait fait un être
immortel : il lui offrit seulement de partager cette
immortalité avec son frère, — de telle sorte que désormais ils vécurent et moururent tous deux à tour de rôle,
de six mois en six mois. A la fin cependant, Jupiter, touché
de cet amour fraternel, les transporta l'un et l'autre parmi
les astres, où ils forment la constellation des Gémeaux.

Dieux protecteurs des matelots, les Dioscures étaient
encore considérés comme dieux tutélaires de l'hospitalité. Ils se présentaient fréquemment chez les habitants
des villes pour éprouver leur bienveillance à l'égard des

étrangers. Un certain Phormion, auquel était échue la maison qu'ils avaient habitée à Sparte, refusa un jour de leur abandonner leur ancienne chambre, sous prétexte, disait-il, que sa fille en avait fait sa demeure habituelle. Le lendemain il chercha en vain cette enfant par toute la maison : elle avait disparu, ainsi que tous ceux qui, d'ordinaire, étaient attachés à son service. Mais dans la chambre qu'il avait refusée aux Dioscures, le malheureux père trouva, sur la table même, les images des deux héros.

Les Dioscures ont joué un grand rôle dans l'histoire des Grecs et des Romains. A Marathon, ils combattaient avec les Athéniens contre les Perses, et, au lac Régille, avec les Romains contre les Latins. Les hommes juraient à Rome par Pollux, et les femmes par Castor. Athènes leur rendait des honneurs divins, et Rome les faisait figurer en tête des armées pour ranimer le courage de ses légionnaires. Elle leur dressait des temples, et, dans les sacrifices, leur immolait des agneaux blancs.

Vénus s'était une première fois vengée de Tyndare sur la personne de Léda. Elle en tira une seconde vengeance, désastreuse en ses effets, sur la personne d'Hélène, la fille, — ou réputée telle, — du roi de Sparte. Mais cette histoire se rattache à l'épouvantable légende des Pélopides (1).

(1) Voir *Les Pélopides*, p. 180.

X. — Légende de la Crète.

Minos.

Europe, fille d'Agénor, roi de Phénicie, enlevée par Jupiter métamorphosé en taureau (1), avait mis au monde, dans l'île de Crète, Minos et Rhadamanthe. Dans la suite, elle épousa le roi du pays, Astérius, qui adopta ses enfants. Elle vécut là jusqu'à sa mort, estimée et aimée de tous les Crétois, qui l'honorèrent plus tard à l'égal d'une divinité.

Astérius mourut, et les deux frères se disputèrent la couronne. Rhadamanthe, contraint par la force des armes de quitter son pays natal, se réfugia tout d'abord dans les Cyclades, et y fonda un grand nombre d'institutions. Il institua de sages lois, civilisa ces peuples ignorants, et, cela fait, passa en Béotie, où il devint l'époux d'Alcmène, la veuve d'Amphitryon (2). Il s'y rendit célèbre par son équité : c'est lui qui créa la loi du talion et l'usage de faire prêter serment à l'accusé quand les témoins manquaient. Après sa mort, les dieux, pour le récompenser d'avoir tant aimé la justice, l'établirent juge aux Enfers (3) ; — il n'y jugeait, dit-on, que les peuples de l'Asie.

Son frère, Minos, se vit à son tour contester la succession d'Astérius, mais il affirma que c'était bien à lui que les dieux réservaient le trône, ajoutant, afin qu'on le crût sans contestation, qu'il obtiendrait d'eux ce qu'il

(1) Voir *Cadmus*, p. 120.
(2) Voir *Hercule*, p. 101.
(3) Voir *Les Enfers*, d'après Virgile, p. 80.

leur demanderait. Alors il fit un sacrifice à Neptune, et pria le Dieu de faire sortir de la mer un taureau, qu'il promettait de lui sacrifier. Et en effet on vit apparaître sur le rivage une bête superbe, éblouissante de blancheur, et qui venait d'elle-même s'offrir au couteau. La couronne fut adjugée à Minos, mais le monarque, ébloui de la beauté merveilleuse de l'animal, ne voulut pas le frapper : il l'envoya dans ses pâturages, et en immola un autre à sa place. — Furieux de se voir dupé, Neptune inspire à Pasiphaé, femme du roi, une passion insensée pour le taureau divin. Or cette passion va s'exaspérant encore par suite d'une vieille rancune de Vénus : car Pasiphaé est la fille du soleil, et c'est le soleil qui jadis a révélé aux Immortels les intrigues que la déesse menait avec le dieu Mars (1). — De cet amour contre nature naquit le Minotaure, monstre à la tête de taureau avec le corps d'un homme. Minos, informé de cette exécrable naissance, voulut du moins soustraire sa honte aux regards des hommes, et fit enfermer le monstre dans le fameux labyrinthe construit tout exprès par Dédale.

Ce Dédale était un Athénien qui avait du goût pour la mécanique. Le premier, il avait détaché les bras et les jambes du corps de la statue et creusé l'emplacement des yeux. Si grossiers que fussent de tels essais, le peuple, ignorant et enthousiasmé, lui attribuait du même coup l'invention d'automates, c'est-à-dire de statues animées qui voyaient et entendaient. C'est encore à lui, disait-on, que l'on devait la cognée, le niveau d'eau, le vilebrequin, et la hache, et la scie, et les vergues, et les pliants à l'usage des femmes dans la fête solennelle des Panathénées. Son fils Icare avait imaginé d'adapter lui-même

(1) Voir *Mars*, p. 27.

des voiles aux bateaux, et l'un de ses neveux avait mis le premier en usage le tour et le compas. Jaloux de la célébrité de ce neveu, Dédale le tua. Condamné par l'Aréopage (1) au bannissement perpétuel, il vint chercher un asile auprès de Minos, qui l'accueillit et pour lequel il construisit le Labyrinthe. — C'était un vaste enclos rempli de bois et de bâtiments disposés de telle sorte que, quand on y était une fois entré, on n'en pouvait plus retrouver l'issue. — Le Minotaure y fut enfermé et lâché.

Or Minos avait un fils, Androgée, lutteur habile, qui, aux grands jeux gymniques que l'on venait de célébrer à Athènes, à l'occasion des Panathénées, avait triomphé de tous ses concurrents. Le roi Égée, jaloux pour son propre fils, conçut de l'ombrage de ce jeune vainqueur, et résolut de le tuer. Il savait que le héros devait se rendre à Thèbes pour y rendre visite au vieux roi Laïus (2) : il posta sur sa route une poignée d'hommes qui, se jetant à l'improviste sur Androgée, le percèrent de coups. Outré de cette odieuse trahison, Minos se mit à la tête d'une flotte, débarqua tout d'abord dans la Mégaride, et entreprit le siège de Mégare, qui peut-être eût résisté à ses efforts, si le roi du pays, Nisus, n'eût été trahi par sa propre fille. Et en effet, tandis que Scylla regardait du haut des remparts l'armée des envahisseurs, elle aperçut le roi de Crète, et le trouva si beau qu'elle en devint éperdument amoureuse. Alors, dans le fol espoir de trouver grâce à ses yeux, elle détacha de la tête de son père, pendant qu'il sommeillait, un cheveu d'or d'où dépendait le salut de la ville, et le livra aux ennemis.

(1) Voir *Les Pélopides*, p. 196.
(2) Voir *OEdipe*, p. 125.

Mégare fut prise, mais Minos traita Scylla avec tant de
hauteur et de mépris, que la misérable en perdit le sens.
Quand elle vit repartir la flotte, elle se jeta dans les flots à
la poursuite du vaisseau qui emportait son amant. A ce
moment, un épervier fondit sur elle ; c'était son père, qui
l'eût tuée du coup, si les dieux n'eussent transformé la
malheureuse en alouette : elle prit son vol, mais, depuis
lors, l'épervier ne cesse de la poursuivre et de la déchirer
à coups de bec.

Cependant Minos arrivait dans l'Attique, et, ravageant
tout sur son passage, venait mettre le siège devant
Athènes. La ville d'Égée tint bon. Alors le roi de Crète,
ennuyé des longueurs de cette guerre, offrit un sacrifice
à Jupiter, et lui remit le soin de sa vengeance. Une peste
s'abattit sur Athènes et sur toute la campagne de
l'Attique. Les Athéniens crurent détourner le fléau en
sacrifiant aux dieux des jeunes filles. Ce fut en vain. Ils
consultèrent l'oracle, et il leur fut répondu qu'ils ne
seraient délivrés de la peste et de Minos que s'ils prenaient l'engagement d'envoyer en Crète, tous les ans,
sept jeunes garçons et sept jeunes filles, pour y servir de
pâture au Minotaure. — L'engagement pris, Minos s'en
revint dans ses États. Il y gouvernait en roi sage, aidé
dans ses innovations de toute espèce par le subtil et
ingénieux Dédale, quand un jour, avec la troisième
théorie de victimes qu'Athènes envoyait vers la Crète,
arriva le jeune Thésée, le fils même du roi. Le héros
pénétra dans le labyrinthe, y rencontra le monstre et le
tua, puis il sortit à la faveur du fil que lui avait donné
son amante Ariane, la fille de Minos (1).

Athènes était enfin libérée.

(1) Pour les détails de cet épisode, voir *Thésée*, p. 90.

Pourtant le labyrinthe devait avoir bientôt d'autres hôtes. Le hasard fit soudainement connaître au roi que Dédale, son serviteur et son protégé, avait jadis favorisé les détestables amours de la reine Pasiphaé. Emporté par la colère et le ressentiment, il donna l'ordre que l'on enfermât le coupable et son fils dans le labyrinthe qu'ils avaient eux-mêmes construit. Pour tout autre qu'eux la situation eût été grave, et la mort prompte. Non pas qu'ils fussent, plus que d'autres, en état de se reconnaître au milieu de cet inextricable entre-croisement de chemins et de bâtiments ; mais Dédale eut recours à son art : il fabriqua des sortes d'ailes, que le père et le fils attachèrent à leurs épaules avec de la cire, il munit de voiles cet appareil, et tous deux, s'élevant d'abord au-dessus de leur prison, s'élancèrent ensuite dans l'espace. Malheureusement Icare ne sut pas diriger cette embarcation d'un nouveau genre : il s'éleva trop haut, malgré les recommandations prudentes de son père ; le soleil fondit la cire qui retenait ses ailes, et, précipité dans l'abîme, il disparut sous les flots de la mer Égée, en cet endroit que l'on nomma depuis la mer *Icarienne*. Dédale, plus habile et plus heureux, se dirigea vers les régions du Nord, et, parvenu au-dessus des hauteurs qui avoisinent Néapolis (1), abaissa son vol, et, léger comme un oiseau qui se pose, prit pied sur la terre de Cumes.

Là, il consacra ses rames aériennes au dieu Apollon, et lui éleva un temple immense, sur la porte duquel il grava dans l'or toute l'histoire de Pasiphaé, du Minotaure et du Labyrinthe.

Cependant, le roi Minos, furieux de la fuite de Dédale, ne tarda point à se lancer à sa poursuite et fit voile vers la

(1) C'est la ville de Naples.

Sicile, où il venait d'apprendre que son architecte s'était définitivement réfugié. Arrivé là, il se rendit auprès de Cocalus, le roi du pays, et lui présenta ses réclamations. Cocalus, qui redoutait, comme tant d'autres, la puissance du roi de Crète, ne se risqua point à lui vouloir résister, et, malgré les nombreux services qu'il avait déjà reçus de Dédale, il le fit étouffer dans une étuve. Il osa plus, et, profitant de l'occasion que le sort lui donnait, il se délivra de toutes les menaces que son hôte royal avait proférées contre lui : il fit saisir Minos et le plongea, lui aussi, dans une eau bouillante.

La fin de Pasiphaé n'est pas connue. On sait seulement qu'elle avait de Minos une fille du nom de Phèdre, qui devint la femme de Thésée, roi d'Athènes (1).

On a coutume de désigner l'époux de Pasiphaé sous la dénomination de Minos II, pour le distinguer de l'aïeul, Minos Ier. Celui-ci, plus sage encore que ne fut jamais son petit-fils, était particulièrement aimé de Jupiter, qui, tous les neuf ans, descendait de l'Olympe pour conférer avec lui dans une grotte sacrée. C'est là que Minos se perfectionna dans l'art de diriger les peuples, de leur donner des lois et de les rendre heureux. Aussi les peuples, reconnaissants envers ce législateur tout sage et tout juste, se sont-ils plu à feindre que Jupiter l'avait établi comme juge au royaume des Enfers (2).

(1) Voir *Thésée*, p. 93.
(2) Voir *Les Enfers*, d'après Virgile, p. 78.

La légende de Troie (Ilion).

I

1° Les fondateurs de Troie.

Teucer est le premier roi de la Teucrie, province de Phrygie.
Sa fille épouse

Dardanus, originaire de l'Italie et fils de Jupiter, qui vient
fonder *Dardanie*. Dardanus a pour fils

Érichthonius, dont le fils,

Tros, donne son nom à la ville fondée par son aïeul. Dardanie
devient *Troie*. Le fils de Tros,

Ilus, donne également son nom à la ville de Troie, qui s'appelle
encore *Ilion;* d'où le mot *Iliade* (poème épique relatif au
siège d'Ilion). Ilus a pour fils

Laomédon, qui élève les remparts de Troie, avec l'aide de
Neptune et d'Apollon. Le fils de Laomédon est

Priam.

2° Analyse de l'*Iliade*.

[L'*Iliade* raconte non pas la prise de Troie, mais seulement un
épisode du siège. Pour le départ de l'expédition, voir *Pélée*, — et pour
la prise de Troie, voir l'*Analyse de l'Énéide*].

Voilà dix ans que les Grecs sont sous les murs de
Troie, dix ans que, malgré des succès intermittents
mais partiels, ils se tiennent devant les lignes innombrables de leurs vaisseaux, tirés au sec sur le sable du
rivage, et Troie, défendue par le vaillant Hector, Troie, qui
doit finir par succomber — car tel est l'arrêt inéluctable
du Destin — a résisté jusqu'ici aux assauts qui lui ont
été livrés. Or, la peste règne au camp des Grecs. C'est

Chrysès, le prêtre d'Apollon, qui a obtenu que le dieu la déchaînât sur eux, pour punir Agamemnon de s'être refusé à lui rendre sa fille Chryséis, captive de guerre. Sur la sommation du devin Calchas, le roi des rois consent enfin à satisfaire Chrysès, mais, pour se dédommager, il ravit au roi des Myrmidons, à l'impétueux Achille, sa captive préférée, la belle Briséis. Irrité de cette offense, le héros se retire sous sa tente, et déclare que désormais il ne prendra plus aucune part aux combats.

Cependant la déesse Thétis obtient de Jupiter que les Grecs pâlissent de l'injure faite à son fils, et qu'ils périssent sur le rivage de la Troade aussi longtemps qu'Achille n'aura pas eu satisfaction. Abusé par de trompeuses espérances, Agamemnon livre bataille aux Troyens, mais, pour la première fois, il est refoulé dans son camp et commence à trembler pour ses navires. Une trêve est conclue : il en profite pour construire un mur et creuser un fossé. La bataille s'engage de nouveau, et les Troyens, encore vainqueurs, s'établissent sur tout l'espace qui s'étend depuis la ville jusqu'au camp. Terrifié, Agamemnon députe des hérauts vers Achille, mais le roi des Myrmidons demeure inexorable. La lutte se poursuit, et les Grecs lâchent pied. Achille, qui de loin s'en aperçoit, envoie son ami Patrocle pour voir de près ce qui se passe. Hector a franchi le fossé et escaladé le mur. Affolés, les Grecs se sont réfugiés entre les lignes de leurs vaisseaux, et, bientôt après, dans leurs vaisseaux mêmes. Alors Patrocle, ému de pitié, revient à la hâte vers Achille, l'adjurant d'accourir, ou de lui confier ses Myrmidons pour qu'il aille porter secours à ses compatriotes. Comme il parlait, une lueur sinistre éclaire l'espace : c'est un navire qui est

en feu. La colère d'Achille n'est point encore apaisée :
pourtant le héros permet à Patrocle de revêtir ses
propres armes et de mener ses Thessaliens au combat. —
A peine Patrocle s'est-il montré sur la ligne des combattants que les Troyens, reconnaissant l'armure qui leur
fut tant de fois fatale, s'enfuient éperdus ; le vaillant

Adieux d'Hector et d'Andromaque.
(D'après une gravure du Cabinet des Estampes.)

guerrier les presse jusqu'à la ville, escalade les murailles,
et c'était fait de Troie, si Apollon lui-même n'eût repoussé
l'assaillant qui, blessé par Euphorbe, est achevé par Hector.
Une lutte acharnée s'engage autour du corps, et cependant
on va porter la triste nouvelle à Achille. Fou de douleur,
le héros abdique publiquement sa colère : il se réconcilie

avec Agamemnon. Revêtant l'armure que la déesse, sa mère, vient de lui faire forger par Vulcain, il jure de tuer le meurtrier de Patrocle, et s'élance comme un lion pour venger son ami. — Arrivé sur le bord du fossé, il pousse un grand cri, et un immense tumulte s'élève parmi les Troyens : car cette voix éclatante est semblable aux appels des clairons dans une ville assiégée par des ennemis impitoyables, et, au-dessus du casque, s'agite, dans un nuage d'or, une flamme étincelante. Toute l'armée ennemie, hommes et chevaux, se rue vers les remparts. Tous s'engouffrent par les portes grandes ouvertes, comme des moutons pressés qui rentrent pêle-mêle à l'étable. Les portes se referment, mais, pour le malheur de Troie, il restait un guerrier dans la plaine : c'était Hector, Hector qui, sur ses talons, sent Achille acharné à sa perte. Il prend peur et se sauve, et, par trois fois, toujours suivi de l'implacable héros, fait le tour des murailles. C'est une course effrénée. Mais il faut que la destinée de Troie s'accomplisse, et les dieux décident que le moment de la mort est venu pour le fils de Priam. Hector tombe, atteint à la gorge d'un coup mortel. Alors Achille lui perce les talons, les lie avec une courroie qu'il attache à son char, et fouette ses chevaux qui l'emportent vers son camp sous les yeux des Troyens, de Priam, de la vieille Hécube, des frères et des sœurs d'Hector, d'Andromaque elle-même, qui accourt aux lamentations qu'elle entend de toutes parts.

Cependant le vieux Priam vient trouver Achille dans sa tente pour racheter de lui le cadavre de son fils. Et, devant cette grande et noble douleur, le héros se ressouvient de son propre père, il s'émeut, et, moyennant une forte rançon, cède le corps qu'on lui réclame. Priam remporte à Troie les tristes dépouilles, et les

Troyens célèbrent, dans les gémissements et les larmes, les obsèques de leur glorieux défenseur (1).

[Les deux plus beaux épisodes de l'*Iliade* sont les adieux d'Hector et d'Andromaque, à la porte Scées, — et l'entrevue d'Achille et du vieux Priam].

3° Les dieux dans l'*Iliade*.

Durant le siège de Troie, les divinités se partagèrent entre les deux peuples ennemis, et même, après la mort de Patrocle, elles prirent part au combat et luttèrent furieusement les unes contre les autres.

Étaient favorables aux Grecs :

Junon, persécutrice des Troyens depuis le jugement de Pâris (2) ; — déesse chaste, ennemie des Asiatiques efféminés ;

Minerve, protectrice d'Athènes (3), déesse par excellence de la race hellénique ;

Neptune, persécuteur des Troyens depuis la fourbe de Laomédon (4) ;

Vulcain, reconnaissant à Thétis, mère d'Achille, de l'avoir accueilli dans son royaume quand il fut précipité du Ciel (5) ;

Mercure, dieu dont la tournure d'esprit est de tout point semblable à celle des Grecs.

Étaient favorables aux Troyens :

Apollon, honoré à Troie d'un culte spécial ;

Diane, sœur d'Apollon ;

Vénus, mère du Troyen Énée ;

Mars, amant favori de Vénus ;

Les dieux-fleuves de la Troade, *Xanthe* et *Scamandre*.

(1) Pour la prise de Troie, voir l'*Analyse de l'Énéide*, p. 230.
(2) Voir *Pélée*, p. 137 et 138.
(3) Voir *Cécrops*, p. 95.
(4) Voir *Les Argonautes*, p. 146.
(5) Voir *Vulcain*, p. 34.

4° Principaux personnages nommés au cours de l'*Iliade*.

HÉROS GRECS

Agamemnon, neveu d'Atrée, roi de Mycènes. (Voir *Les Pélopides*, p. 186.)

Achille, fils de Pélée, roi de Phthie. (Voir *Pélée*, p. 138.)

Patrocle, fils de Ménœtius, roi des Locriens. (Voir *Analyse de l'Iliade*, p. 216.)

Diomède, fils de Tydée, roi d'Argos, le plus brave de l'armée après Achille et Ajax, le fils de Télamon. Dans la mêlée il blesse Énée, Mars et Vénus. Des malheurs conjugaux le forcent à s'expatrier à son retour de Troie : il va fonder en Italie la ville d'Arpi, où il meurt.

Ménélas, frère d'Agamemnon, roi de Sparte. (Voir *Les Pélopides*, p. 186.)

Ajax, fils d'Oïlée, roi des Locriens d'Opunte, un des plus vaillants d'entre les Grecs, mais brutal, et intrépide contempteur des divinités. Minerve, s'armant de la foudre, l'anéantit sur le rocher où il s'était sauvé d'un naufrage « malgré les dieux ».

Ajax, fils de Télamon, le roi de Salamine. (Voir *Pélée*, p. 136.)

Teucer, fils de Télamon et frère d'Ajax. (Voir *Pélée*, p. 136.)

Ulysse, fils de Laërte, roi d'Ithaque. (Voir *Analyse de l'Odyssée*, p. 222.)

Idoménée, fils de Deucalion et petit-fils de Minos II, roi de Crète. Au retour de Troie, il fait vœu, pendant une tempête, d'immoler, en débarquant, le premier être vivant qui se présentera devant lui : ce fut son fils. Exilé par ses propres sujets, il va fonder Salente au sud de l'Italie.

Nestor, roi de Pylos, le plus âgé de toute l'expédition ; guerrier vaillant et très sage conseiller. A son retour, il s'établit pour toujours dans sa capitale, où il vit en bon père de famille et en bon roi.

Calchas, le fameux devin, plusieurs fois centenaire et aveugle.

C'est lui qui ordonna, sur le rivage d'Aulis, le sacrifice
d'Iphigénie (p. 189). On le consultait en toute occasion. Il
mourut du chagrin d'avoir trouvé un devin plus habile
que lui, Mopsus, révéré en Cilicie.

Pyrrhus, fils d'Achille, le plus jeune de l'armée (18 ans). (Voir
Pélée, p. 142.)

Philoctète, fils de Pœan, fidèle ami d'Hercule, auquel il avait
juré de ne jamais révéler le lieu où le héros avait enfoui
ses flèches. (Voir *Hercule*, p. 116.) L'oracle ayant fait connaître
que Troie ne pouvait être prise sans elles, Philoctète
frappa la terre du pied à l'endroit où elles se trouvaient.
Il lui en arriva malheur. Pendant la traversée, l'une d'elles
lui étant tombée sur le pied, il se produisit un ulcère
tellement infect, que les Grecs, sur le conseil d'Ulysse,
abandonnèrent le malheureux dans l'île de Lemnos. Il
y passa neuf années d'horribles souffrances, éloigné de
tout secours humain. Au bout de ce temps, les Grecs, qui
n'arrivaient pas à prendre la ville de Troie, se ressouvin-
rent des fameuses flèches imprudemment laissées en la
possession de Philoctète. On lui députa Ulysse, et le roi
d'Ithaque fut si habile, que le fils de Pœan, oubliant ses
griefs, se laissa persuader : il consentit à ce que l'on
demandait, mais à la condition que lui-même rejoindrait
à Troie l'armée des Grecs. — La ville ne devait d'ailleurs
être prise que plus tard encore, à la faveur d'une ruse
imaginée par Calchas (Voir *Analyse de l'Énéide*, p. 230). —
Philoctète, guéri de son ulcère par Machaon, fils d'Esculape, se retira dans la Calabre.

HÉROS TROYENS

Priam, fils de Laomédon, roi de Troie. (Voir pour sa mort *Analyse
de l'Énéide*, p. 232.)

Anchise, père d'Énée, qu'il eut de la déesse Vénus. Il était
de la famille de Priam. (Voir *Analyse de l'Énéide*, p. 233.)

Énée, fils d'Anchise. (Voir *Analyse de l'Énéide*, p. 229.)

Pandarus, auxiliaire de Priam ; il fut tué par Diomède.

Pâris, fils de Priam : il fut cause de la guerre de Troie (Voir *Les Pélopides*, p. 188), blessa Diomède et tua Achille. (Voir *Pélée*, p. 142.) Il fut tué par Philoctète, qu'il avait provoqué en duel.

Laocoon, fils de Priam, et grand prêtre d'Apollon. (Voir *Analyse de l'Énéide*, p. 232.)

Hélénus, fils de Priam, et fameux devin. (Voir *Les Pélopides*, p. 191.) Fait prisonnier par Ulysse, c'est lui qui conseilla d'aller chercher Philoctète (p. 221). Échu à Pyrrhus après la prise de la ville, il en devint le favori, puis le successeur au royaume d'Épire. Il épousa la veuve d'Hector.

Sarpédon, fils de Jupiter. Il était d'une taille gigantesque. Il fut tué par Patrocle.

Hécube, femme de Priam. Elle devint l'esclave d'Ulysse. Cette reine infortunée vit égorger devant elle sa fille Polyxène et son plus jeune fils, Polydore, massacré par Polymnestor, le roi de Thrace, à qui son époux l'avait confié. De rage, elle creva les yeux du meurtrier, et, à son tour, massacra les deux enfants de ce roi perfide. Puis, vomissant de furieuses imprécations contre les Grecs, elle fut enfin métamorphosée en chienne.

Andromaque, femme d'Hector, — plus tard, et malgré elle, femme de Pyrrhus, dont elle était devenue la captive, — enfin femme d'Hélénus, frère de son premier époux et successeur de Pyrrhus. On la cite comme le modèle des épouses et des mères.

Polyxène, fille de Priam. (Voir *Pélée*, p. 142.)

Cassandre, fille de Priam. (Voir *Les Pélopides*, p. 191 et 192.)

II

Analyse de l'*Odyssée*.

Il y avait bientôt dix ans que la ville de Troie était réduite en cendres, et Ulysse, ballotté par les vents orageux, poursuivi par la colère de Neptune, dont, chemin faisant, il avait aveuglé le fils, le cyclope Polyphème (1), n'avait pas encore revu sa chère île d'Ithaque, où Pénélope, son épouse, l'attendait toujours, avec confiance et fidélité. Ce n'est pas qu'elle n'eût été sollicitée par quantité de prétendants. Ulysse, depuis un si long temps qu'il était parti, passait pour mort, et l'on ne comprenait pas que sa veuve ne se prononçât point pour l'un ou pour l'autre de ces jeunes gens qui, selon l'usage, étaient venus s'installer dans le palais, mais aussi qui abusaient de la situation pour dilapider les biens et la fortune d'Ulysse, en attendant la décision de la reine. Pour éluder leur poursuite, Pénélope avait promis de se déclarer quand elle aurait terminé certaine toile destinée, disait-elle, à envelopper le corps de son beau-père, dans le cas où il viendrait à mourir ; mais, chaque nuit, elle défaisait le travail de la journée, si bien que les prétendants, las de se voir joués, ne gardèrent plus de mesure. — A la fin, Télémaque, le fils du roi, qui déjà n'était plus un enfant, s'indigna : il convoqua l'assemblée du peuple, dénonça les actes odieux qui se commettaient dans sa demeure, et, sans rien dire, partit à Pylos et à Sparte, pour y chercher des nouvelles de son père.

Cependant, depuis sept années, Ulysse était retenu, bien malgré lui, dans l'île d'Ogygie, une des îles de l'Archipel, par la nymphe Calypso. Cette déesse avait toujours espéré le fixer auprès d'elle, et, pour mieux le séduire, lui promettait l'immortalité ; mais Ulysse ne cessait de regretter Pénélope et les fumées d'Ithaque. Il put enfin mettre à la voile : Jupiter députa Mercure vers Calypso, avec ordre de laisser partir son prisonnier. — Sans plus

____

(1) Voir *Les Cyclopes*, p. 245 et 246.

tarder, Ulysse se construit un radeau pour remplacer le vaisseau que lui a brisé la mer en furie, et s'en va. Le septième jour, une tempête, soulevée par Neptune, l'assaille, et, après l'avoir mis en danger de perdre la vie, le rejette, nu et mourant de faim, sur le rivage des Phéaciens (1). Par hasard la fille d'Alcinoüs, roi de l'île, Nausicaa aux bras blancs, était venue, ce jour-là, faire, au bord des flots, en compagnie de ses femmes suivantes, la lessive de son linge, car le jour de son mariage était proche. Elle aperçoit un naufragé qui l'implore de loin en termes suppliants et respectueux ; elle s'approche, lui donne de quoi se vêtir, et le conduit à son père. Et Alcinoüs accueille royalement l'étranger, sans s'informer ni de son nom, ni de son pays, ni de son état, ni de rien dont pût être gêné de parler cet hôte que les dieux lui envoient. Alors l'ingénieux Ulysse, en retour d'une hospitalité aussi discrète et aussi généreuse, révèle enfin son pays et son nom, et prenant le récit de sa vie à son départ de Troie, mêlant d'ailleurs à la vérité une agréable fiction, conte au roi, qui l'écoute avec intérêt, une longue et merveilleuse série d'aventures. Il dit ses voyages chez les féroces Ciconiens, peuple de Thrace ; chez les Lotophages de Libye, qui se nourrissent du lotus, et chez lesquels il courait le risque, s'il eût goûté à cette fleur, d'oublier sa patrie ; de là chez les Cyclopes, où il put à grand'peine échapper à la voracité de Polyphème (2) ; puis comment il vint, au nord de la Sicile, dans le royaume d'Éole, le roi des vents, si accueillant et si bon : au dernier moment, le dieu lui avait donné une outre en peau de bœuf où tous les vents étaient renfermés, mais la cupidité de ses hommes les avait poussés à délier cette outre où ils pen-

(1) On pense que les Phéaciens habitaient l'île actuelle de Corfou.
(2) Voir *Les Cyclopes*, p. 245 et 246.

saient trouver un trésor, et aussitôt les vents déchaînés avaient soulevé une effroyable tempête ; comment alors il fut jeté dans l'île des Lestrygons cannibales, tout près des côtes de l'Italie, puis dans l'île d'Æa où habite, non loin des Iles Éoliennes, la magicienne Circé (1) ; comment il se risqua jusqu'aux limites du monde pour y consulter, dans le triste royaume des Enfers, l'ombre du devin Tirésias ; puis, au retour, par quel artifice il put se dérober à la séduction des Sirènes (2) ; avec quel bonheur il échappa au gouffre de Charybde et aux gueules aboyantes de Scylla (3) ; comment il aborda sur les côtes d'Ogygie, après avoir encouru la colère du Soleil, dont ses matelots avaient égorgé les bœufs. C'est alors que la tempête avait submergé le reste de ses compagnons et fracassé son navire. Mais la colère des dieux n'était sans doute point apaisée, puisqu'une nouvelle tempête venait de le rejeter sur la côte des Phéaciens.

Charmé de ce récit, Alcinoüs comble son hôte de présents, et le fait reconduire dans son pays. Ulysse dormait encore, quand le vaisseau rapide le déposa sur le rivage d'Ithaque. Réveillé, il se crut tout d'abord, en se voyant seul, une fois de plus abandonné, une fois de plus sur quelque rive inhospitalière, mais bientôt il reconnut sa chère île, et il eut le cœur plein de joie. Alors Minerve, sa divinité protectrice, lui apparut : elle le réconforta, puis, transformant son beau corps en celui d'un misérable mendiant, l'envoya vers la ville. — Ainsi déguisé, Ulysse s'avance avec précaution. Il observe les choses, et, en premier lieu, s'en vient trouver le porcher Eumée, le plus vieux et le plus fidèle de ses serviteurs : il le fait

(1) Voir *Circé*, p. 243.
(2) Voir *Les Sirènes*, p. 284.
(3) Voir *Charybde et Scylla*, p. 241.

causer de ses maîtres, il lui parle d'Ulysse, et lui donne l'espoir que celui que l'on n'attend plus ne tardera pas à reparaître. Tandis qu'ils s'entretenaient, Télémaque s'introduit soudainement chez Eumée. Il est de retour à l'instant même, triste et sans nouvelles de son père ; du moins a-t-il pu éviter, grâce à Minerve, le piège que lui tendaient les prétendants, prêts à le tuer dès qu'il remettrait les pieds dans Ithaque. Le prudent Ulysse le questionne, cherche à exciter sa colère et son courage, puis, quand il voit que son fils est bien tel qu'il le désire, il l'attire au dehors, dépouille, par la volonté de sa déesse, son apparence de mendiant, et se fait reconnaître à Télémaque. Tous deux alors se concertent sur ce qu'ils doivent faire. La chose convenue, Ulysse reprend ses haillons et son air débile, et Télémaque rentre dans le palais, suivi, peu de temps après, par son père, qui rôde dans les dépendances, sans que personne le reconnaisse ou même ait un regard de pitié pour ce gueux dépenaillé qu'insultent les esclaves. Seul, Argus, son vieux chien, pauvre bête rongée par la vermine sur le fumier des mulets et des bœufs, a deviné son ancien maître : il remue la queue, baisse les oreilles, et meurt. Ulysse, l'ayant vu, essuie une larme à la dérobée. — Pénélope, elle aussi, a été frappée de l'aspect misérable de l'étranger : elle l'interroge et le presse de questions sur cet Ulysse qu'il dit connaître, et dont il prophétise à mots couverts la prochaine arrivée. Elle le remet aux soins d'Euryclée, la vieille nourrice de son époux, et voilà qu'Euryclée, en lavant de ses mains les pieds du mendiant, reconnaît au genou la cicatrice d'une blessure que fit jadis à son jeune maître un sanglier qui fondait sur lui (1). Elle va pousser un cri, mais Ulysse, lui serrant

(1) Voir les *Détails complémentaires concernant Ulysse*, p. 228.

la gorge, lui intime l'ordre de se taire et de garder son secret.

Cependant Pénélope, mise en demeure de se déclarer au plus vite, promettait d'épouser celui des prétendants qui pourrait tendre l'arc d'Ulysse. L'un après l'autre, les jeunes gens s'y essayèrent dans la cour du palais, mais aucun n'y parvint. Le mendiant, qui les regardait faire, demanda timidement qu'on lui permît d'éprouver ses forces. Un torrent d'injures fut la réponse qu'il reçut. Sur les instances de Télémaque, on lui fit pourtant passer l'arc redoutable. Il l'examina en tous sens, et, pinçant la corde de la main droite, il l'essaya, et elle rendit un son aigu pareil au cri de l'hirondelle. Aussitôt une grande terreur saisit les princes, et tous changèrent de couleur. Le mendiant prit une flèche, et, maintenant l'arc par son milieu, il tira la corde, et la flèche partit en sifflant à travers l'espace, jusqu'au but désigné… Alors Ulysse, se dépouillant, avec l'aide de Minerve, de ses vils haillons et de son air débile, se montre dans toute sa splendeur et toute sa force aux prétendants épouvantés, et, assisté de Télémaque et d'Eumée qui ont enlevé toutes les armes suspendues aux murs intérieurs du palais, il massacre à coups de flèches les insolents qui, depuis tant d'années, tourmentaient sa femme et pillaient son patrimoine. Il monte ensuite à l'étage supérieur, et là, se fait enfin reconnaître — mais avec combien de difficultés! — à la prudente et sage Pénélope. Le lendemain, redoutant des représailles, il se retire en sa maison des champs, où il retrouve Laërte, son vieux père, qui désespérait de le revoir jamais. L'ennemi qu'il attendait vient l'y assaillir : une lutte s'engage, mais les dieux interviennent, et la paix se rétablit.

Détails complémentaires concernant Ulysse.

Ulysse était fils de Laërte, roi d'Ithaque, et d'Anticlée. Lors d'une visite qu'il était allé rendre, jeune encore, à son grand-père, le rusé Autolycus, il avait été blessé au genou, pendant une chasse, par la défense d'un sanglier furieux. Devenu roi, il épousa Pénélope (1) et en eut Télémaque. Toutefois il avait, comme tant d'autres, brigué auparavant la main d'Hélène (2), et quand Pâris eut outragé Ménélas, le roi de Sparte vint le voir, et, lui rappelant le serment jadis prêté à Tyndare (3), le somma de prendre part à l'expédition de Troie. Ulysse, qui ne voulait point partir, contrefit l'insensé : pour toute réponse, il laboura le sable sur le bord de la mer avec deux bêtes de différente espèce, et y sema du sel. Cependant Palamède (4), roi d'Eubée, se douta d'une feinte, et, pour s'en assurer, posa le tout jeune Télémaque sur la ligne du sillon. Effrayé de ce qu'il allait faire, Ulysse détourna les bêtes et souleva le soc de sa charrue : la feinte était découverte. Il partit donc, mais garda rancune à Palamède, dont il devint l'ennemi mortel : sous les murs de Troie il accusa le héros de trahir les Grecs et d'avoir reçu, dans ce but, une somme considérable du roi Priam. La somme fut en effet trouvée, enfouie sous la tente de Palamède, ainsi qu'une lettre du roi, et Palamède fut condamné à la peine de mort : mais la lettre était l'œuvre d'Ulysse, et la somme avait été enfouie par ses soins perfides.

(1) Voir *Les Pélopides*, p. 188.
(2) Voir *Les Pélopides*, p. 187.
(3) Voir *Les Pélopides*, p. 189.
(4) C'est à Palamède que l'on attribue l'invention des jeux d'échecs et de dés, qu'il imagina, dit-on, pour abréger les longueurs du siège. On lui doit aussi les poids et les mesures.

De retour dans son Ithaque, et la paix une fois rétablie, Ulysse mena un règne paisible jusqu'au jour où Télégone, le fils qu'il avait eu de Circé (1), envoyé par sa mère à la recherche du héros, aborda dans cette île qu'il ne connaissait pas et s'y livra au pillage avec ses compagnons. Ulysse et Télémaque accoururent pour repousser l'envahisseur, mais, dans la bagarre, Ulysse fut blessé mortellement par la lance de Télégone. Cette lance avait ceci de particulier, que la pointe en était une forte épine de raie, et ainsi s'accomplissait la double prophétie concernant le roi d'Ithaque, qu'il mourrait « de la mer et de la main de son fils. »

Pour le sort de Télémaque, voir *Circé*, p. 244.

III

Analyse de l'*Énéide*. — Prise et sac de Troie.

Énée, sur l'ordre de Vénus, sa mère, a fui la ville de Troie embrasée. Depuis sept ans déjà il erre sur les flots, à la recherche de cette nouvelle patrie que les dieux lui ont promise. Il vient de quitter les côtes de la Sicile, mais la farouche Junon, qui poursuit en ce héros troyen une race qu'elle déteste depuis le jugement de Pâris, et plus encore depuis qu'un oracle a prédit qu'un peuple sortirait de lui, qui ruinerait la puissance de Carthage, sa ville préférée, soulève une formidable tempête, qui rejette sur les côtes de la Libye le fils d'Anchise et ses compagnons. Vénus, courroucée de cette haine persistante, se propose alors de faire pièce à la vindicative déesse. Elle guide son fils justement vers cette Carthage

(1) Voir *Circé*, p. 244.

qu'avait fondée naguère la Tyrienne Didon, venue de
Phénicie, après le meurtre de son époux Sichée, pour se
dérober à la fureur du roi meurtrier, Pygmalion, son
beau-frère. La reine, apprenant qui est cet étranger,
comme elle malheureux, lui fait un accueil empressé,
l'invite à sa table, et le prie de lui conter les derniers
jours de Troie. Et alors, tandis que parle le pieux
Énée, favori des dieux, Didon, le regard perdu dans les
yeux de son hôte, et l'oreille attentive, caresse sur ses
genoux le jeune Iule ou Ascagne, fils du héros, —
ou du moins celui qu'elle croit être Ascagne, et qui, en
réalité, n'est autre que Cupidon, perfidement substitué
par Vénus à l'enfant avec sa gracieuse ressemblance.

Énée conte donc à la reine les événements de la nuit
fatale, et la catastrophe où sombra la ville superbe de
Priam. Les Grecs, simulant un départ, ont fabriqué, sur
le conseil de Calchas, un immense cheval de bois, dans
les flancs duquel ils ont caché des guerriers; la flotte
se dissimule dans les anfractuosités du rivage, et plus
rien ne bouge auprès de Troie. Les habitants, étonnés,
puis enhardis, se répandent dans la plaine : ils visitent
les emplacements qu'occupait l'ennemi, ils revoient les
champs de bataille, ils s'approchent du monstre et le
regardent avec défiance et curiosité. Tout à coup, un
homme paraît, un Grec, Sinon, qui implore leur pitié, et
se dit la victime que ses compatriotes devaient immoler
pour s'assurer un heureux retour. Il s'est enfui, dit-il,
et supplie qu'on l'accueille. On le questionne sur ce
gigantesque cheval qui se dresse comme une énigme au
pied des remparts : mais il affirme que c'est là une offrande
à Minerve, dans le but d'apaiser la colère de la déesse,
irritée contre les Grecs du vol qu'Ulysse et Diomède
ont fait de sa statue, en pénétrant un jour, par surprise,

au cœur même de la ville. Les Grecs tenaient à posséder

Laocoon du Vatican.

cette statue qu'ils savaient être la sauvegarde de Troie,

et s'ils ont donné à leur offrande expiatoire ces dimensions énormes, c'est qu'ils savent bien aussi que ce serait là pour leurs ennemis un autre palladium (1) et qu'ils ne veulent pas qu'on l'introduise dans les murs. — Les crédules Troyens ajoutent foi aux paroles du traître, et se disposent à faire entrer le colosse dans la ville. En vain, Laocoon, fils de Priam et grand-prêtre d'Apollon, s'efforce-t-il de les en dissuader. Il lance un javelot contre les flancs du monstre, et l'on entend comme un vague bruit d'armes entre-choquées. Mais la démence aveugle les Troyens, et, d'ailleurs, deux serpents gigantesques, suscités par les dieux, sont venus de la mer pour étouffer, sur l'autel même où il sacrifiait, Laocoon et ses deux fils. Alors on abat un pan de muraille, on introduit le lourd cheval, et la ville est en fête.

Cependant, au milieu du silence de la nuit, les guerriers enfermés dans les flancs du monstre sont délivrés par Sinon, qui a vu briller sur la mer le signal de feu. Les soldats, au moyen de cordes, se glissent sans bruit vers le sol et, guidés par l'artificieux Ulysse, se répandent par toutes les rues. La malheureuse Troie, soudainement prise entre les ennemis du dehors et ceux qu'elle a si naïvement installés au dedans, est livrée à toutes les horreurs du pillage. Les dieux eux-mêmes s'acharnent contre elle. Le palais du roi est embrasé, et le vieux Priam impitoyablement égorgé par Pyrrhus sur l'autel de Jupiter Protecteur. Toute la ville est en feu. L'ombre d'Hector apparaît à Énée, et lui enjoint de fuir avec les dieux pénates de la cité, qu'il faut sauver à tout prix. Le héros voudrait demeurer pour venger ses compa-

(1) Le *palladium* était une statue de Pallas (Minerve) qui passait pour être le gage de la conservation de Troie. — D'une façon générale, *palladium* signifie *sauvegarde*.

triotes, mais Vénus intervient à son tour, et le presse de
partir. Il charge sur ses robustes épaules son vieux père
Anchise, emporte dans ses bras les pénates de Troie, et,
tenant par la main son jeune fils Iule, se sauve à travers
l'incendie, suivi de Créuse, son épouse. Dans le désordre
des rues et l'épaisseur des ténèbres il égare Créuse ; il
revient sur ses pas, mais l'ombre de sa femme lui apparaît et lui ordonne de fuir sans la chercher davantage : des
destins plus heureux l'attendent sur les rives du Tibre,
où les dieux lui réservent un trône et une épouse royale.

Alors Énée s'entoure de compagnons de route, il se
construit au pied de l'Ida une flotte de vingt vaisseaux,
et quitte les rivages de sa patrie. Il aborde sur les
côtes de la Thrace, où il fonde une ville à laquelle il
donne son nom ; mais, averti par une voix amie, qui sort
du tombeau de Polydore (1) et l'engage à ne pas
séjourner sur cette terre inhospitalière, il s'éloigne
promptement, et se rend à Délos, où l'oracle lui révèle
confusément en quel lieu de la terre se trouve le pays
que les divinités lui destinent. Anchise, qui se méprend
sur le sens de l'oracle, lui conseille de se diriger sur la
Crète. Il y va, y fonde une ville, mais une peste le force
de fuir, et ses dieux pénates l'engagent à naviguer vers
l'Italie. Il part, mais il est ballotté sur les mers, et, de
rivage en rivage, il atteint la Sicile au cours d'une navigation périlleuse. Après tant de traverses, il a la douleur de perdre là son vieux père, seule consolation de
ses ennuis et de ses infortunes. Il remet à la voile,
mais une tempête l'assaillit, qui le rejette enfin sur les
côtes de Carthage.

Ainsi contait Énée, et la pauvre Didon sentait croître

(1) Voir *Héros troyens : Hécube*, p. 222.

au fond de son cœur sa passion pour le héros. Elle met
tout en œuvre pour le retenir, elle rêve de l'épouser,

elle en perd le sommeil et — Vénus l'avait bien prévu —
le goût d'administrer sa ville. Elle revêt Énée de cos-

tumes orientaux et efféminés, et peut-être fût-elle arrivée à ses fins, si Jupiter n'eût député Mercure au fils de la déesse pour lui rappeler ses devoirs et lui enjoindre de se diriger sur l'Italie. Désespérée de cet abandon qui lui semble une lâcheté abominable, Didon fait dresser un bûcher : elle y monte, victime volontaire, et, tandis que la flamme s'élève et l'enveloppe, elle se frappe d'un poignard, en appelant sur la descendance d'Énée la colère des dieux dont elle réclame un vengeur.

Enfin le héros, après avoir fait relâche en Sicile, où l'ont une fois encore poussé les vents contraires, aborde sur la terre promise. Débarqué à Cumes, il va trouver la Sibylle, qui le conduit aux Enfers pour qu'il y apprenne, de la bouche d'Anchise, sa destinée et celle de sa postérité. Il remonte ensuite vers le Tibre, où l'accomplissement de plusieurs prophéties lui fait comprendre de façon certaine qu'il est parvenu au terme de ses courses. Latinus, le roi du pays, le reçoit avec amitié, et lui offre en mariage sa fille Lavinie. A cette nouvelle, Turnus, roi des Rutules, que la reine Amata, femme de Latinus, avait flatté de l'espérance d'épouser la jeune princesse, prend les armes, et entraîne les peuples voisins dans sa querelle contre l'étranger envahisseur. Énée se cherche alors des alliés, et il en trouve un dans Évandre, le vieux roi de Pallantée, ancien hôte de son père aux jours lointains où Anchise avait accompagné Priam en cette Arcadie jadis habitée par Évandre. — La guerre est donc déclarée. Junon a excité les Rutules, et Vénus a obtenu de Vulcain qu'il forgeât des armes pour Énée. Après plusieurs actions sanglantes et mille hauts faits de part et d'autre, les hostilités se terminent par un combat singulier entre les deux rivaux. Alors, du haut des cieux, les dieux contemplent cette lutte, et Jupiter annonce à Junon que l'heure suprême est arrivée pour Turnus, son héros protégé : les destins se sont prononcés en faveur du fils d'Anchise. Désormais, c'en est fait du roi des Rutules : tout l'abandonne, et il tombe sous les traits du Troyen.

Détails complémentaires concernant Énée.

Énée, vainqueur, épousa Lavinie, installa les dieux pénates de Troie sur la terre d'Italie, et fonda la ville de Lavinium, berceau de l'empire romain, mais il survécut peu de temps à son triomphe. Quatre ans plus tard, les Rutules recommencèrent la guerre. Énée disparut au cours d'une bataille, noyé, dit-on, dans le Numicius. Il avait trente-huit ans. Toutefois on aima mieux supposer que Vénus, sa mère, l'avait enlevé vivant, et installé dans l'Olympe, malgré la haine de Junon. Les Romains en firent un dieu et l'honorèrent sous le nom de Jupiter *Indigète* (1).

Ascagne, son fils, lui succéda. Il bâtit Albe-la-Longue, d'où sortit Rome.

(1) Les Latins opposaient les *Dieux Indigètes*, c'est-à-dire nationaux, aux dieux venus de l'étranger, qu'ils appelaient « les dieux de nos pères », importés par leurs ancêtres, les Troyens.

Les petites Légendes

Les petites Légendes racontent non plus la vie des *héros* proprement dits, non plus un cycle d'événements dramatiques se rattachant à une même famille, mais les traditions relatives à des personnages de second plan, à des célébrités locales et très populaires. D'ailleurs, les dieux et les déesses y tiennent encore et presque toujours le premier rôle, et il s'en faut de peu que certains noms — n'y eût-il que celui d'Esculape — aient le même éclat que les plus glorieux des grandes Légendes.

Dans l'exposé des petites Légendes, nous nous sommes conformé tout simplement à l'ordre alphabétique, exception faite pour celle de Psyché, que nous avons reportée à la fin du volume, en raison de sa création relativement récente.

Actéon.

Actéon était le fils du pasteur Aristée (1) et, par sa mère, le petit-fils de Cadmus. Élève du centaure Chiron, et amant passionné de la chasse, son seul plaisir était de parcourir les forêts et les montagnes pour y surprendre les animaux et les percer de ses flèches. Il allait, rapide comme le vent, suivi, à travers bois, de ses cinquante couples de chiens. Un jour qu'il poursuivait un sanglier, mettant à cette chasse toute la fougue de ses jeunes années, il arriva dans la vallée solitaire de Gargaphie, en Béotie, et y aperçut Diane tout occupée, dans la solitude et le mystère des bois, à baigner son beau corps au pur cristal d'une source. Irritée de se voir découverte, la déesse métamorphosa l'imprudent en un cerf agile, et soudain les cent bêtes, qui ne reconnaissent plus leur maître, se précipitent sur ses traces, le découvrent au fond des taillis épais du Cithéron, et le déchirent en mille pièces.

Adonis.

Celui que l'on nomme toujours le bel Adonis était fils de Cinyre, roi de Chypre, et de Myrrha, sa fille. Sa naissance fut extraordinaire. Myrrha, fuyant la colère de Cinyre, qui la poursuivait l'épée à la main, et se voyant près d'être atteinte, s'arrêta subitement, et, les bras levés au ciel, implora l'assistance des divinités. Les dieux s'émurent : du pauvre corps tremblant et affolé ils firent un arbre, celui d'où découle la myrrhe. Quelques mois plus tard, l'écorce de l'arbre s'entr'ou-

(1) Voir *Orphée*, p. 154 et 156.

Gust. sc.

Actéon, changé en cerf, est mis aux abois par sa propre meute.

vrait d'elle-même, et donnait passage au gracieux Adonis. Recueilli par les Naïades et transporté dans une grotte de l'Arabie, l'enfant grandissait en beauté, quand Vénus le vit et l'aima. Le dieu Mars, instruit de cet amour, devint jaloux de ce rival mortel. Pour se venger, il lui inspira la passion de la chasse, le désir des combats, la soif des excursions périlleuses. Cependant, toujours inséparables, Adonis et Vénus coururent ensemble à travers les dangers et les précipices, se jurant de ne jamais s'éloigner l'un de l'autre.

Un jour pourtant, Adonis négligea le serment qu'il avait fait : profitant du sommeil de Vénus, il prit son arc, et s'élança au plus profond des bois. Soudain un sanglier se présente, fond sur lui, le terrasse, et, d'un coup de boutoir, lui fait dans l'aine une affreuse blessure. Vénus, à qui Zéphyre apporte la nouvelle, accourt en larmes : de sa vie d'immortelle elle n'a ressenti pareille douleur : dans sa précipitation, elle froisse sa chair divine aux épines et aux pierres du chemin. Elle arrive auprès du pauvre corps, qu'elle essaie de ranimer, déchire son voile pour étancher la plaie : tout est vain. Du moins elle veut qu'un souvenir de son amant préféré demeure sur la terre : elle recueille quelques gouttes du sang qui s'écoule, et en fait éclore l'anémone, cette fleur éphémère du printemps. Mais elle-même ne voit pas que le sang qui s'échappe de sa chair meurtrie est tombé sur des roses blanches : les roses se teintent de pourpre, et, depuis lors, ces roses-là sont restées rouges. — Descendu aux Enfers, Adonis fit encore, sans le vouloir, la conquête de Proserpine. Courroucée à son tour de cette rivalité qu'elle attendait si peu, Vénus courut se plaindre à Jupiter. Et alors le maître de l'Olympe, pour les mettre d'accord toutes deux, décida qu'Adonis passerait désormais quatre mois dans les Enfers, quatre mois avec Vénus, et que le reste du temps il jouirait de sa liberté. Mais ce reste, Adonis en profitait, dit-on, pour le passer, comme au temps de sa vie mortelle, avec la belle Vénus, mère des Grâces et des Ris.

Charybde et Scylla.

Le détroit qui sépare la Sicile de l'Italie était gardé par deux monstres horribles, Charybde et Scylla, celui-ci plus épouvantable encore que l'autre. — Charybde était fille de Neptune et de la Terre. Ayant eu l'audace de voler des bœufs à Hercule, elle fut foudroyée par le maître des dieux et changée en gouffre. Depuis lors, trois fois par jour, sa gueule dévorante engloutit les flots de la mer et trois fois les rejette avec des mugissements effroyables. En face d'elle rugit Scylla, jadis nymphe éclatante de beauté, mais victime de ses mépris pour Glaucus, le dieu marin. — Il n'était certes pas beau, l'ancien pêcheur de la ville béotienne d'Anthédon, depuis le jour fatal où il avait commis une si étrange imprudence : auprès de lui, sur l'herbe du rivage, il avait déposé les poissons qu'il venait de prendre ; puis, comme les pauvres bêtes se débattaient là d'une manière tout à fait extraordinaire, il les avait observées, il les avait vues se rapprocher du bord par bonds et par sauts, et, finalement, se replonger dans les eaux. Persuadé que cette herbe possédait une vertu particulière, il en avait goûté, et soudain, bondissant lui-même comme les poissons, les bras transformés en nageoires et le bas du corps en une queue frétillante, la poitrine couverte d'algues, la barbe humide et blanche, il avait, à son tour, fait un plongeon dans la mer, où Téthys consentait à l'admettre au nombre des divinités sous-marines. — Or, le nouveau dieu avait aperçu la nymphe Scylla, plus belle que le jour, et il brûlait du désir de se faire aimer d'elle. Mais la nymphe ne lui accordait que des regards dédaigneux. Il eut alors recours à l'art de Circé, se doutant peu, hélas ! que la magicienne l'aimait, lui, Glaucus, comme il aimait Scylla. Circé, jalouse de la nymphe, lui composa une herbe qu'elle jeta de ses propres mains dans la fontaine où Scylla venait se baigner chaque matin. La malheureuse eut à peine plongé son beau corps dans les flots enchantés, qu'elle se vit métamorphosée en un monstre farouche, soutenu par douze pieds et surmonté de six cous d'une longueur énorme, chacun d'eux terminé par une tête effrayante dont la gueule, toujours ouverte et hurlante, était hérissée d'une triple rangée de dents aiguës et serrées. De là sortait une voix terrible comme la tempête, des cris que l'on eût dits poussés par des lions en fureur. Épouvantée d'elle-même, la fille du dieu Phorcus (1) se précipita dans la mer de Sicile.

Quels marins désormais pourraient être assurés de passer le détroit sains et saufs ? S'ils évitaient le gouffre de Charybde, dont l'eau tourbillonnante les entraînait au fond de l'abîme, l'aboyante Scylla, avec ses six gueules, arrachait d'un seul coup six matelots des bancs du navire, et les emportait au seuil de sa caverne pour les y dévorer encore palpitants de vie. Ainsi se vengea-t-elle un jour de la puissante Circé, quand passèrent à portée de ses griffes les vaisseaux d'Ulysse, l'amant de la magicienne.

(1) Voir *Persée*, p. 174.

Circé.

Fille du Soleil, la magicienne Circé, après avoir empoisonné son mari, le roi des Sarmates, s'était réfugiée près des côtes de la Sicile, dans l'île d'Æa. Elle y habitait un palais splendide, où les ustensiles étaient d'or, les tables d'argent, et les tapis teints de pourpre. Autour d'elle erraient en liberté des lions et des loups, qu'elle avait apprivoisés par le moyen de breuvages magiques. Femme puissante et redoutable, elle se plaisait à faire le mal et à se venger. La jeune Scylla était aimée de Glaucus, le dieu marin ; Circé, jalouse, changea Scylla en un monstre aboyant (1). — Picus, roi d'Italie, refusait d'abandonner sa femme pour s'attacher à la magicienne : elle le métamorphosa en pivert. — Ulysse enfin, à son retour de Troie, fut poussé par la tempête sur les côtes de l'île avec ses compagnons : Circé, les ayant accueillis, leur fit prendre des breuvages enchantés qui devaient les transformer en pourceaux. Par bonheur, Ulysse, se ressouvenant à propos que Mercure lui avait donné jadis une certaine herbe, la mélangea secrètement à sa boisson : il resta dans sa forme, puis, l'épée à la main, il contraignit Circé de faire rentrer dans la leur tous ses matelots. La magicienne y consentit, et, charmée de trouver plus fort qu'elle, s'éprit de passion pour son hôte. — Pendant un an, le roi d'Ithaque s'oublia dans les délices de l'île, mais enfin la nostalgie fut plus forte que l'amour, et il résolut de partir. Alors son amante, qui, malgré tout, lui demeurait passionnément attachée, lui conseilla de descendre aux Enfers et d'y consulter sur sa destinée l'ombre du devin Tirésias (2). — Ulysse lui laissait deux

(1) Voir *Charybde et Scylla*, p. 242.
(2) Voir *Analyse de l'Odyssée*, p. 225.

enfants, un fils, Télégone, sous la main duquel le roi d'Ithaque était destiné à périr (1), et une fille, Cassiphoné, qui devait être un jour, par l'effet de son mariage, fatale à sa propre mère. Et en effet Télémaque, le fils d'Ulysse, épousa par la suite cette Cassiphoné, mais ne pouvant supporter le détestable orgueil de Circé, il l'assassina. Cassiphoné, furieuse, le fit périr à son tour.

Les Cyclopes.

Le mot **Cyclope** veut dire *qui a un œil rond*. Les Cyclopes étaient, pour la plupart, des pasteurs anthropophages, aux formes gigantesques, et n'ayant qu'un œil unique, rond, et situé au milieu du front, la place ordinaire des yeux restant d'ailleurs indiquée. Ils habitaient généralement le sud-ouest de la Sicile, dont le sol leur fournissait sans culture le froment et l'orge. Chacun d'eux vivait isolé, dans quelque caverne de la montagne. Les uns étaient enfants du Ciel et de la Terre, les autres de Neptune et de la Mer. — Des fils de Neptune, le plus fameux fut Polyphème. Son antre était situé au milieu d'un bois où il faisait paître des troupeaux d'énormes brebis. Ce géant féroce, qui ne trouvait pas de nourriture plus délectable que la chair humaine, s'était pourtant épris de Galatée, la douce Néréide. Mais l'infidèle ne venait jamais auprès de lui que pour s'enfuir encore plus vite. Souvent assis sur un rocher au bord de la mer, Polyphème attendait son retour, et, trop souvent aussi, il ne voyait venir qu'un Amour qui, monté sur un dauphin, lui apportait quelque message de sa belle. Pendant ce temps, Galatée conversait avec Acis, le berger qu'elle aimait, sans se douter que le Cyclope,

(1) Voir *Analyse de l'Odyssée* (Détails complémentaires, p. 229).

inquiet et jaloux, finissait par la guetter et la suivre. Les
deux amants furent surpris, et Polyphème, dans sa fureur,
écrasa son jeune rival sous le poids d'un rocher. Plus
jamais il ne revit Galatée.

Or, un jour que la tempête avait jeté sur la côte le
vaisseau d'Ulysse qui revenait de Troie, le Cyclope
s'empara de six des matelots, les dévora séance tenante,
et, poussant le reste dans sa caverne, il en ferma l'ouverture avec un roc, pour les manger un peu plus tard.

Ulysse offrant du vin au Cyclope Polyphème.

Cependant l'ingénieux Ulysse médita quelque habile
moyen de se tirer d'affaire : il lia conversation avec le
géant, lui conta les aventures de Troie, et, le voyant en
bonne humeur, lui offrit de son vin. Charmé de cette
liqueur inconnue, Polyphème en but plus que de raison ;
bientôt, la tête lourde, il s'endormit d'un sommeil profond. C'est à quoi s'attendait le rusé Grec. Il profita de
cette torpeur pour allumer aussitôt du feu dans un coin
de l'immense caverne, puis, aiguisant un long pieu,
il en durcit la pointe dans la flamme. Cela fait, il s'approcha du monstre, et, aidé de tous ses compagnons, il

enfonça brusquement le frêne durci dans l'œil unique du Cyclope, qui, hurlant de douleur, courut en tâtonnant jusqu'à l'ouverture de la caverne pour empêcher que le coupable ne lui échappât. — Cependant les brebis demandaient à sortir, et Polyphème, écartant à demi le roc, s'assurait qu'aucune d'elles n'emportait sur son dos les étrangers maudits. Plus avisés, Ulysse et ses compagnons s'étaient accrochés et suspendus sous le ventre des bêtes : ils passèrent, remirent promptement à la voile, insultant de loin le malheureux qui, s'armant d'un bloc gigantesque, le jetait au hasard dans la vaste mer, avec l'espoir d'atteindre et d'écraser le navire qui fuyait sur les eaux. Aux cris de rage qu'il poussait, les Cyclopes voisins accoururent et lui offrirent de lui venir en aide. Mais contre qui? — Contre personne, ne cessait-il de répondre. Car Ulysse, toujours prudent, lui avait dit qu'il se nommait Personne. Les Cyclopes s'en retournèrent, persuadés que leur camarade était fou, et force fut à Polyphème de dévorer seul son chagrin et de s'en remettre à Neptune, son père, du soin de le venger (1).

Les Cyclopes n'étaient pas tous des pasteurs : il y en avait qui, sous le mont Ætna, travaillaient aux forges de Vulcain, façonnant l'airain pour les dieux et les héros, et avec tant de force qu'ils ébranlaient la Sicile et les îles voisines. Les plus connus étaient Argès, *l'éclair*, Stéropès, *la foudre*, Brontès, *le tonnerre*, Pyracmon, *l'enclume*, et Acamas, *l'infatigable*, tous fils du Ciel et de la Terre. C'est là, dans ces ateliers souterrains, qu'étaient forgés le tonnerre, les foudres et les éclairs de Jupiter; c'est là que, plus tard, à la prière de Vénus, fut fabri-

(1) Le dieu vengea son fils en suscitant contre Ulysse une série de tempêtes redoutables.

quée l'armure invincible d'Énée (celle d'Achille le fut
dans l'Olympe même) (1). C'est de là enfin que, pour
le malheur des Cyclopes, sortit la foudre dont Jupiter
s'arma pour tuer Esculape (2). Apollon, irrité de la mort
de son fils, fit périr les noirs artisans sous ses traits.

On attribue encore aux Cyclopes la construction de
ces anciens murs — tels ceux des citadelles de Tirynthe
et de Mycènes — dits *cyclopéens*. Il est plus probable,
cependant, que ces travaux gigantesques, ces murailles
faites d'énormes pierres brutes et irrégulières, mesurant
jusqu'à 20 et 30 pieds de largeur, ont été l'œuvre d'un
peuple de Thrace, très habile dans l'art de construire, et
tirant son nom d'un roi Cyclops. Plus tard on admira cette
architecture prodigieuse, et, comparant ces masses de
pierres avec celle que Polyphème avait mise devant
l'entrée de sa caverne, on les appela *cyclopéennes*.

Daphné.

L'oréade Daphné, nymphe des montagnes (3), était la
fille de la Terre et du dieu-fleuve (4) Pénée, en Thessalie.
Or, Apollon, exilé du ciel après le meurtre des
Cyclopes (5), était descendu chez Admète, roi de Phères,
non loin de la féconde vallée de Tempé. Un jour il aperçut la nymphe, admira sa beauté, et en devint éperdument amoureux. Mais les promesses du dieu n'arrivèrent
point à la fléchir : elle aimait Leucippe, un simple mortel,
et tout autre amour répugnait à son cœur. Dépité d'un
tel mépris, Apollon résolut de l'enlever : il la guetta de

(1) Voir *Vulcain*, p. 34.
(2) Voir *Esculape*, p. 251.
(3) Voir *Nymphes*, p. 60.
(4) Voir *Les Nymphes* (note de la page 59).
(5) Voir plus haut, même page.

loin, et, la voyant qui se promenait sur les bords du
fleuve paternel, s'élança brusquement à sa poursuite.
Daphné s'enfuit, toute pâle de terreur, et déjà, recrue
de fatigue, elle se voyait sur le point d'être atteinte,
quand elle implora l'assistance de sa mère. La Terre
ouvrit son sein et l'y reçut. Cependant, pour consoler le
dieu, elle fit croître, à la place même où Daphné avait
disparu à ses regards, un arbre qui devait porter dans
la suite le nom de la vierge, et dont le feuillage, toujours
vert, ne se fane jamais : c'est le laurier. Apollon, déta-
chant de cet arbre une branche, s'en fit une couronne, et
voulut que désormais le laurier lui fût consacré. Et en
effet, depuis ce temps, l'usage s'établit de le décerner
aux vainqueurs des Jeux Pythiques (1), et, aux époques de
maladies contagieuses, on plaçait devant la porte des
maisons, pour s'assurer la protection du dieu, quelques
branches de cet arbre qui lui était si cher.

Daphnis.

Fils de Mercure et d'une nymphe, le berger sicilien
Daphnis naquit dans un bois de lauriers, et c'est de là
que lui vint son nom (2). Il était adorablement beau et
sage, et, par suite, aimé des dieux autant que des
hommes. Recueilli, puis élevé par des nymphes et des
bergers, il apprit à se plaire dans la solitude; berger
lui-même, il faisait paître ses troupeaux au pied de

(1) Les grands jeux de l'ancienne Grèce étaient les *Jeux Olympiques*, qui se célébraient à Olympie en l'honneur de Jupiter; les *Jeux
Pythiques*, qui se célébraient à Delphes en l'honneur d'Apollon vainqueur du serpent Python (p. 19); les *Jeux Isthmiques*, qui se donnaient dans l'isthme de Corinthe en l'honneur de Neptune; et enfin les
Jeux Néméens, qui se célébraient à Némée en l'honneur d'Hercule,
vainqueur du lion de Némée (p. 103). On y disputait le prix de la
course, de la lutte, etc. — (2) Voir *Daphné*, p. 248.

l'Ætna et charmait ses loisirs par de doux airs que le dieu Pan lui avait appris à moduler sur sa flûte. Il civilisa le peuple des pasteurs et leur enseigna le culte de Bacchus. Pourtant un jour, parmi tant de sagesse, il se trouva lui-même en défaut. Il aimait une nymphe, et cette nymphe l'aimait : ils se jurèrent l'un à l'autre une fidélité éternelle, priant les dieux de frapper de cécité celui des deux qui le premier violerait sa foi. Or, une autre nymphe, qui portait le nom de Chimère, s'étant éprise à son tour du beau berger, lui fit oublier son serment, et les dieux frappèrent aussitôt le coupable. Daphnis essaya de se consoler de son infortune en se livrant aux plaisirs de la poésie et de la musique, mais une chute qu'il fit du haut d'un rocher mit soudainement fin à sa vie errante. Mercure, dit-on, recueillit son corps, le transporta au ciel, et, à l'endroit même où le berger quitta la terre, une fontaine s'éleva, qui prit son nom, et auprès de laquelle les Siciliens instituèrent des jeux, qu'ils célébraient chaque année avec des chants.

Écho et Narcisse.

Écho, nymphe des montagnes, faisait partie de la suite de Junon. Naturellement curieuse, et, de plus, très bavarde, elle s'était aperçue que Jupiter se plaisait en la compagnie des nymphes ses compagnes, et alors, pour détourner l'attention de l'ombrageuse et irascible Junon, elle amusait la déesse par son infatigable babil : tant et tant qu'à la fin Junon comprit le jeu. Irritée d'avoir été dupe, elle priva Écho de la parole, la condamnant à ne plus pouvoir que répéter la dernière syllabe des mots qui frapperaient son oreille, en sorte que la pauvre

Narcisse se contemple dans l'eau pure de la source.

nymphe ne savait plus ni parler la première, ni se taire
quand un autre avait parlé.

Or, elle était éprise du jeune et beau Narcisse, Béotien
de Thespies, fils d'une nymphe et du fleuve Céphise (1).
Mais Narcisse, qui l'eût aimée volontiers, se fatigua du
perpétuel silence de son amante, de cette manie, croyait-
il, qu'elle avait de répéter pour tout entretien les derniers
mots qu'il avait prononcés lui-même ; et il l'abandonna.

La nymphe, humiliée de ce mépris, s'en fut se cacher
au fond des bois et dans les cavernes solitaires.
Elle s'y laissa consumer de douleur, se refusant toute
nourriture, s'amaigrissant et se desséchant, à tel point
que bientôt il ne resta plus rien d'elle que la voix.

Cependant Némésis, déesse de la vengeance, se chargea
de punir Narcisse. Le devin Tirésias avait prédit
autrefois à ses parents qu'il mourrait dès qu'il lui
arriverait de se voir, et l'on avait en conséquence
éloigné de sa vue tout miroir où pût se refléter son
image. Mais un jour, étant assis sur le bord d'une
source, il aperçut tout à coup sa figure dans le cristal
des eaux. Follement épris de sa propre beauté, il
demeura en extase, amoureusement penché sur la claire
surface, et, absorbé dans la contemplation de lui-même,
il se consuma de langueur sur la rive. Il prit racine
dans le gazon du bord, et sa personne menue et peu à
peu desséchée se changea dans la fleur qui porte désormais son nom.

Endymion.

Endymion était un beau berger de Carie, qu'aimait discrètement Séléné, déesse de la lune. Il habitait une grotte
du mont Latmus, où chaque soir, dit-on, tandis qu'il dor-

(1) Voir *Les Nymphes* (note, p. 59).

Sommeil d'Endymion.
(Tableau de Guerchin.)

mait d'un profond sommeil, son amante se glissait doucement pour lui dérober un baiser. — D'ordinaire, pourtant,
le sommeil d'Endymion est représenté comme un éternel
repos. Lui-même en avait demandé la faveur à Jupiter,
sur l'offre que lui avait faite ce dieu, charmé de sa justice
et de sa probité, de choisir le genre de vie qu'il préférait:
« Une jeunesse éternelle, avait-il répondu, dans un
sommeil sans fin. » Et depuis lors, il est visité chaque
nuit par sa divine amante, qui s'approche et admire,
dans un silencieux amour, sa gracieuse et immortelle
beauté.

Esculape.

Esculape naquit dans le Péloponèse, du dieu Apollon
et de Coronis, fille de Phlégyas, roi de Thèbes et successeur d'Étéocle, mort sans héritier. Coronis avait
accompagné son père dans une expédition qu'il dirigeait
contre le sud de la Grèce ; puis, un jour, sans même connaître son enfant, elle avait subitement rendu le dernier
soupir. On exposa le nouveau-né sur une montagne,
non loin de la ville d'Épidaure, mais, à défaut des
hommes, la nature veillait sur lui, et, malgré le cruel
abandon de Phlégyas, il fut miraculeusement nourri par
une chèvre et gardé par un chien. — Or, un berger des
environs, l'ayant aperçu par hasard, vit une auréole éclatante qui brillait au-dessus de sa tête. Peu de temps après,
le bruit se répandit par tout le monde qu'un enfant
venait de naître qui savait guérir toutes les maladies et
même ressusciter les morts. Ce qu'il y a de sûr, c'est
qu'Esculape avait été confié de bonne heure par son
divin père lui-même aux soins et à la science du centaure
Chiron (1), et, comme il était doué d'une observation très

(1) Voir *Centaures et Lapithes*, p. 133.

attentive, il avait grandi dans l'étude des choses et des phénomènes, en sorte que, tout jeune encore, il connaissait les plantes qui raniment et qui sauvent. On racontait d'ailleurs que, se trouvant dans la maison d'un de ses amis malades, il avait vu venir à lui un serpent, la gueule menaçante. D'instinct il avait tendu en avant le bâton qu'il tenait à la main, et, après que la bête s'y était enroulée, il en avait frappé le sol avec violence et du coup étourdi l'animal. Au même instant accourait un autre serpent, et la bête, au moyen d'une certaine herbe qu'elle portait dans sa gueule, rappelait l'autre à la vie. Ç'avait été pour Esculape un trait de lumière. Il recueillait depuis lors tous les simples des montagnes et s'en servait à son tour pour conserver la vie à ses semblables. Il accompagna les Argonautes dans leur voyage en Colchide (1), et leur rendit de grands services en maintes occasions. — Mais alors Jupiter, craignant que les progrès de son art ne parvinssent à arracher entièrement et pour toujours les hommes à la mort, commanda aux Cyclopes de lui forger une foudre, et terrassa l'audacieux inventeur (2). Cependant le dieu finit par céder aux instances d'Apollon, et rangea sa victime parmi les astres, où elle forme la constellation du Sagittaire.

Esculape, dieu de la médecine, était adoré dans les forêts, auprès des sources salutaires ou sur les monts élevés. La ville d'Épidaure lui était particulièrement consacrée : il y avait un temple, un bois et une statue d'ivoire, mais il avait aussi des temples magnifiques dans tout le reste de la Grèce, et, plus tard, à Rome. La plupart d'entre eux se trouvaient dans des endroits qui,

(1) Voir *Les Argonautes*, p. 145 et suiv.
(2) Pour la vengeance que le dieu tira des Cyclopes, et le châtiment qu'il eut à subir lui-même du fait de sa vengeance, voir *Apollon*, p. 19.

par leur situation et l'air que l'on y respirait, étaient
naturellement salubres pour ceux qui venaient implorer
son secours. Celui d'Athènes contenait une source d'eau
chaude. Le dieu y apparaissait en songe aux malades,
et leur indiquait les remèdes capables de les guérir :
ces remèdes étaient inscrits sur des tablettes que l'on
suspendait aux murailles, et servaient fréquemment
d'ordonnance aux médecins. Telle fut l'origine du plus
ancien *Codex*.

Gygès.

Un berger lydien, du nom de Gygès, se promenant
un jour avec son troupeau, découvrit une sorte de trou
qui paraissait s'enfoncer profondément sous la terre. Il
y descendit, et, ayant marché quelque temps dans une
demi-obscurité, se trouva tout à coup en présence d'un
cheval de bronze énorme, au flanc duquel il aperçut une
porte. Il se hissa jusque-là, pénétra dans l'intérieur du
monstre, et y vit un squelette humain d'une longueur
extraordinaire. Ce squelette portait au doigt un anneau
d'or surmonté d'un chaton. Gygès prit l'anneau, le mit à
son propre doigt, puis, content de l'aubaine, il se retira.
Cependant il ne tarda pas à s'apercevoir que cet anneau
jouissait d'une propriété aussi étrange que précieuse.
Chaque fois que le berger tournait le chaton au dedans
de la main, il cessait lui-même d'être visible à tous ceux
qui l'entouraient, sans cesser néanmoins de tout voir et
de tout entendre. Ambitieux comme il était, il n'eut
plus dès lors qu'une idée : aller à la cour du roi Candaule, le tuer sans que personne le pût découvrir, puis
épouser sa veuve. Tout arriva comme il l'avait rêvé :
il séduisit la reine, et, de concert avec elle, tua Candaule.
Et c'est ainsi que de berger Gygès devint roi.

Hébé. — Ganymède.

Fille de Jupiter et de Junon, Hébé aux beaux pieds avait été trouvée si jolie par son père, que le maître des dieux en avait fait la déesse de la jeunesse et lui avait confié le soin de distribuer le nectar à la table des Olym-piens.

Le hasard voulut qu'un jour elle tomba devant tous, et d'une chute si drôle, que toutes les divinités se mirent à rire de leur rire inextinguible. Piquée au vif, la jeune Hébé refusa de continuer ses fonctions, et se contenta désormais d'atteler le char de sa mère. — Elle était destinée à devenir plus tard l'épouse du grand et glorieux Hercule, le jour où ce héros, après sa laborieuse vie, serait admis au rang des habitants célestes (1).

Force fut à Jupiter de se procurer un autre échanson.

Or, vivait dans le royaume de Phrygie, Ganymède, fils de Tros, le roi de Troie, Ganymède le blond, l'agréable à voir, le plus beau de tous les mortels. Jupiter, l'ayant aperçu sur les hauteurs du mont Ida, revêtit la forme d'un aigle, et, s'abattant auprès de lui, sembla l'inviter, en déployant ses larges ailes, à s'étendre sur son dos. Le beau Ganymède s'y installa sans méfiance, et tout d'un coup le maître des dieux reprit son vol vers l'Olympe.

La vue du nouvel arrivant, de ce Troyen qui désormais allait remplacer sa favorite, redoubla, dit-on, la haine de Junon contre ce peuple à qui déjà, depuis le jugement du berger Pâris, elle gardait une implacable rancune (2).

(1) Voir *Hercule*, p. 116.
(2) Voir *Pélée*, p. 138.

Ganymède porté dans l'Olympe par l'oiseau de Jupiter.

Héro et Léandre.

Héro, prêtresse de Vénus, habitait à Sestos, sur les bords européens de l'Hellespont. Vis-à-vis, de l'autre côté du détroit, habitait Léandre, dans la ville asiatique d'Abydos. Léandre eut l'occasion de voir la jeune fille dans une fête : il la trouva belle, l'aima et s'en fit aimer ; puis leurs occupations les séparèrent. Pourtant ils se promirent qu'ils ne passeraient jamais un seul jour sans se revoir, et chaque soir, à la tombée de la nuit, Léandre traversait le détroit à la nage pour retrouver son amante. Et chaque soir aussi, pour le guider dans sa périlleuse traversée, Héro, du haut d'une tour située au bord des eaux, faisait briller, au bout de son bras levé, la lumière d'une torche qu'elle allumait. Et il en fut ainsi durant tout un été.

Mais vint l'automne, et la mer se fit houleuse et resta menaçante pendant sept jours : il n'était plus possible de passer le détroit.

Cependant, à la septième nuit, Léandre, impatient, s'élance dans les flots, et nage vers la torche d'amour.

Il lutte de toutes ses forces contre les vagues impétueuses, et, les yeux toujours fixés sur le flambeau, il s'épuise en vains efforts : il voit la rive, il est près d'y toucher, quand soudainement les forces lui manquent : il sombre, et les vagues du matin ne ramenèrent au rivage qu'un corps inanimé.

Son amante désespérée ne put survivre à cette catastrophe : elle se précipita dans la mer et disparut pour toujours sous les flots écumeux.

FRAXINEUS, *del.*   F. POILLY, *sc.*

Mort de Léandre sous les yeux de son amante.

Hyacinthe.

Hyacinthe, le beau Lacédémonien, était aimé d'Apollon et de Zéphyre, mais il aimait le dieu des Muses bien plus que le vent d'Occident (1). Jaloux de cette préférence, le Vent, un jour qu'Apollon jouait au disque avec Hyacinthe, détourna de son souffle le disque que venait de lancer le dieu, et dirigea le palet sur les tempes du jeune homme, qui fut tué net. En vain le dieu voulut-il le rappeler à la vie : tous ses soins furent inutiles. Alors il transporta le pauvre corps parmi les astres, et du sang vermeil qui s'en échappait fit naître, en souvenir de son ami, une fleur de pourpre qui porte son nom, et au fond de laquelle on peut voir encore, tracées sur les sombres pétales, les lettres grecques AI, dont le sens est « Hélas ! », cri de douleur poussé par Apollon. — Les Lacédémoniens, pour honorer le dieu dans la personne de son favori, instituèrent des fêtes qu'ils célébraient chaque année et qui duraient trois jours : les deux premiers jours étaient consacrés aux larmes, et l'on y prenait ses repas sans couronne sur la tête ; le troisième jour était réservé à la joie : on faisait des sacrifices, et l'on terminait la soirée par des chants et des festins.

Lycaon.

Lycaon, roi des Arcadiens, était un homme barbare et cruel. Pour rendre honneur aux dieux et aux déesses, il avait institué dans son pays des sacrifices humains, sanglantes hécatombes qui l'avaient rendu un objet d'horreur à tous ses sujets. Toutefois Jupiter, dont il avait fondé le culte en Arcadie, désira lui en témoigner sa reconnaissance. Un jour donc, il descendit à Parrhasia

(1) Voir *Éole*, p. 69.

et lui demanda l'hospitalité. Lycaon l'accueillit à sa
table, mais, stupidement féroce, il osa servir au maître
de l'Olympe les membres d'un tout jeune enfant. Irrité de
cette audace sacrilège, le dieu s'apprêtait à le foudroyer,
quand il s'émut au souvenir des services qu'il en avait
reçus, et se contenta de le métamorphoser en loup.

Or, Lycaon avait cinquante fils, mais aucun d'eux ne
lui succéda. Il avait jadis associé à la direction de son
royaume son petit-fils Arcas, et le trône d'Arcadie échut
naturellement au jeune prince. Cet Arcas était né de
Jupiter et de Callisto, la plus belle des nymphes qui
parcouraient les montagnes à la suite de Diane. Au reste,
la pauvre femme n'avait point eu la douceur de nourrir
et de caresser son enfant, car la jalouse épouse du dieu
avait tout aussitôt changé sa rivale en ourse. Arcas avait
donc grandi dans l'ignorance de sa mère et de la destinée
que Junon lui avait faite. — Devenu roi, il se livrait un
jour au plaisir de la chasse, lorsqu'il se trouva face à face
avec une ourse, et la bête semblait le contempler, et, en
effet, c'était sa mère qui, elle, reconnaissait son fils et ne
pouvait, hélas! s'en faire comprendre. Arcas s'apprêtait
à la percer d'une flèche, mais Jupiter, pris de pitié, changea le prince en ours, et transportant dans son Olympe la
mère et le fils, en forma deux des plus belles constellations qui resplendissent au ciel. — C'est d'Arcas que
l'Arcadie tira son nom.

Quant aux cinquante fils du roi, tous aussi féroces que
leur père, ils étaient de plus d'une insolence et d'une
impiété sans pareilles. Jupiter voulut les éprouver : il
vint à eux sous la forme d'un manouvrier mourant de
faim, et qui suppliait « au nom des dieux » que l'on voulût bien le nourrir ce jour-là. Les Lycaonides l'admirent
le soir même à leur festin, mais, par dérision, ils

mêlèrent à des entrailles de bêtes celles d'un enfant du
pays qu'ils avaient égorgé, puis ils prièrent le mendiant
d'accepter « au nom des dieux » ce plat d'un nouveau
genre. Jupiter, s'armant de tout son courroux, foudroya
cette race maudite, et fit pleuvoir sur le reste des hommes
ce terrible déluge qui devait renouveler le genre humain,
et à qui seuls purent échapper le Thessalien Deucalion
et Pyrrha, son épouse (1).

Marsyas.

Le satyre Marsyas était originaire de la Grande-Phrygie,
et issu du poète Hyagnis, à qui les traditions phrygiennes
attribuent l'invention de la musique et divers chants
religieux en l'honneur de Cybèle. L'un des suivants de la
déesse, Marsyas, avait accompagné la mère des dieux
jusqu'à Nysa, ville de Thrace, et y avait rencontré Apollon, qui venait tout justement d'être chassé du ciel après
l'extermination des Cyclopes (2). Vertueux et sage, le
bon satyre commit pourtant l'imprudence de porter un
défi au dieu de l'harmonie, qui l'accepta : le vaincu
devait se mettre à l'entière disposition du vainqueur.
Les Nyséens et les Muses furent choisis pour juges. Marsyas commença, et d'une flûte qui avait jadis servi à
Minerve, mais que la déesse avait rejetée parce qu'elle
s'en trouvait défigurée, il tira des sons si mélodieux, et
avec des rythmes si nouveaux, qu'il semblait impossible
que son concurrent pût jamais l'égaler. Quand vint le
tour d'Apollon, le dieu, unissant les accords de sa lyre
aux accents de sa voix, fit entendre des chants qui
enthousiasmèrent les auditeurs et les juges : il fut, à

(1) Voir *Deucalion*, p. 151.
(2) Voir *Apollon*, p. 19.

Marsyas écorché vif sur l'ordre d'Apollon.

l'unanimité, déclaré vainqueur de la lutte. Irrité cependant de l'outrecuidance dont Marsyas avait fait preuve, il s'empare du satyre, le suspend de ses propres mains à un arbre élevé, et l'écorche tout vif... Les cris du malheureux retentissent dans la contrée, portant l'effroi de toutes parts. Et alors les nymphes, et les faunes, et les bergers, et les satyres se répandent en larmes, et de ces larmes mêlées au sang de la victime, naît un fleuve qui, disparaissant sous la terre, va s'écouler dans les vallées de la Carie. — La peau de Marsyas fut portée à Célène, dans la Phrygie. On en fit une outre, que l'on suspendit à une colonne. Et d'elle-même cette peau s'agitait, dit-on, quand, devant elle, on jouait de la flûte, mais elle demeura toujours impassible aux accords de la lyre.

Midas.

Midas, roi de Phrygie, est célèbre par une série d'aventures dont une ou deux l'ont rendu proverbial. Tout enfant, et tandis qu'il dormait, la bouche ouverte, il s'aperçut que des fourmis étaient venues sur sa langue et y avaient déposé des grains de blé : et l'oracle en avait conclu qu'il devait être un jour le plus riche des mortels. — Une autre fois, tandis que son père labourait, un aigle était venu se poser sur le joug des bœufs : et l'oracle avait encore prédit au pauvre laboureur que son fils deviendrait par la suite un puissant monarque. Les deux prédictions s'accomplirent : Midas découvrit de nombreuses mines d'or et d'argent, puis, par un caprice du sort, il fut élu roi de la Grande-Phrygie, que baigne le Pactole. — Sa fortune ne devait d'ailleurs pas tarder à s'accroître démesurément : Silène, venu de Thrace à la suite de

Bacchus (1), s'était enivré, selon son habitude, puis perdu
dans les superbes jardins que le roi possédait sur les
rives du Sangarius. Des paysans le découvrirent, l'en-
chaînèrent avec des guirlandes de fleurs, et l'amenèrent
au roi, qui le reçut avec bienveillance et le renvoya
ensuite à Bacchus. Charmé de tant d'égards, le dieu promit au monarque d'exaucer le vœu qu'il formulerait :
et Midas demanda que tout ce qu'il toucherait se con-
vertît en or. Tout alla bien jusqu'à l'heure du dîner : en
moins de rien, la fortune du roi devint colossale ; mais,
quand il vit que ses aliments eux-mêmes se transfor-
maient en or, il comprit l'imprudence de son vœu, et
supplia Bacchus de reprendre ce don fatal : le dieu lui
conseilla d'aller se plonger dans le Pactole, et c'est
depuis ce temps-là que ce fleuve roule des paillettes d'or.

Midas avait pour ami le dieu Pan, beau chanteur et
beau joueur de flûte (2). Si fier même était le dieu de ces
modestes avantages qu'il poussa la témérité jusqu'à préférer les sons de sa flûte et de sa voix à la lyre et à la
voix d'Apollon. Il alla même encore plus loin, et porta
un défi au dieu des Muses : Midas devait être l'arbitre.
En ce délicat office Midas se prononça pour le dieu Pan.
Apollon s'indigna d'une si évidente bêtise, et, avisant
les oreilles pointues du monarque, les allongea tout
aussitôt en oreilles d'âne velues et difformes. Le pauvre
roi, honteux de ses oreilles, les cachait comme il pouvait
sous son bonnet phrygien : son barbier seul était dans
le secret, mais défense expresse d'en parler à qui que
ce fût. Le malheur est qu'un secret est souvent lourd à
porter seul : fatigué d'un tel poids, le barbier s'en fut
à la fin dans un lieu à l'écart sur le bord de la rivière,

(1) Voir *Bacchus*, p. 50 et 51.
(2) Voir *Pan*, p. 53 et 51.

creusa dans la terre un trou, y glissa son secret à voix basse, combla le trou, puis se retira. Quelques semaines plus tard, des roseaux qui avaient poussé là par hasard se mirent à jaser confusément au souffle de la brise, et tout le monde les entendit qui se disaient entre eux : « Midas, le roi Midas a des oreilles d'âne! »

On croit que dans la suite Midas, consterné de son malheur, se donna la mort en buvant du sang de taureau.

Milon de Crotone

Dès l'enfance, Milon, natif de Crotone, ville de la Grande-Grèce, se fit remarquer par une aptitude extraordinaire aux exercices corporels et par une force qui le mettait absolument hors de pair. Sa renommée, promptement établie, était telle, qu'il avait fini par ne plus trouver de concurrents dans aucune espèce de jeux, Olympiques ou autres. Il était, sans conteste, le plus célèbre athlète de son temps, et de beaucoup le plus vorace. — On racontait de lui que personne au monde ne pouvait le déloger du palet, même graissé d'huile, sur lequel il avait une fois mis le pied. — Il appliquait sa main droite contre son dos, la paume ouverte, le pouce en l'air et les doigts joints, et il mettait au défi que l'on pût écarter son petit doigt. — Il se ceignait les tempes d'une corde solide, retenait son haleine, et le sang lui gonflait si démesurément les veines du front, que la corde rompait. — Un jour, — c'était aux jeux Olympiques, — il chargea sur ses épaules un taureau de quatre ans, le porta d'une seule traite jusqu'au bout de la carrière, à 360 mètres de là, l'assomma d'un coup de poing, et le mangea le même jour. — Devenu vieux, il ne pouvait croire à la diminution de ses forces, et cette illusion le perdit. Se

promenant seul dans un bois écarté, il aperçut un chêne
dont une récente tempête avait légèrement entr'ouvert
l'écorce et l'aubier. L'idée lui vint d'élargir la fente avec
ses doigts et d'achever ce qu'avait commencé le vent ;
mais la vigoureuse élasticité du chêne referma brusque-

Milon de Crotone.
(Sculpture de Pierre Puget.)

ment sur ses mains les bords qu'il avait en effet écartés,
et le vieil athlète se sentit pris comme dans un étau.
Impossible de se dégager de cette fatale étreinte. Le vainqueur des jeux Olympiques resta prisonnier de la forêt,
et, incapable de se défendre, y devint la proie des loups.

(Voir *Écho*, p. 249.)

Narcisse.

Orion.

Géant fameux, Orion était célèbre par sa beauté et
par son amour pour la chasse. Il n'avait point de mère.
Son père, un pauvre homme de la Béotie, avait un jour
reçu à sa table trois voyageurs inconnus, qu'il avait
traités de son mieux, immolant, pour apaiser leur faim,
la seule génisse qu'il possédât. Or, ces voyageurs étaient
Jupiter, Mercure et Neptune, qui, touchés de la généreuse hospitalité qu'on leur avait offerte, se révélèrent
à leur hôte, et l'engagèrent à formuler un vœu. Le pauvre homme répondit qu'il désirait avoir un fils, sans qu'il
lui fût nécessaire toutefois de prendre femme. Alors les
dieux se firent apporter la peau de la génisse qu'ils avaient
mangée, la trempèrent dans l'eau, et, l'ayant enfouie
sous terre, prédirent qu'il en sortirait bientôt le fils
désiré. Et, en effet, au bout de quelques mois, Orion sortit de cette peau, et, rapidement, atteignit une taille
gigantesque : quand il descendait au fond de la mer, ses
épaules dépassaient les vagues, et, s'il lui plaisait de
marcher sur les flots, — car Neptune lui avait conféré
ce don, — sa tête se perdait dans les nuées du ciel. Il
passait tous ses jours à donner la chasse aux bêtes, si
rayonnant de beauté que Diane en devint amoureuse.
Mais, soit qu'un jour il eût osé défier la déesse au jeu
du disque, soit qu'il se fût vanté d'exterminer plus de
bêtes qu'elle ne faisait elle-même, soit encore qu'il eût
fait un doigt de cour à l'une de ses nymphes, Diane irritée fit sortir de terre un scorpion dont la piqûre lui

donna la mort. — On dit encore qu'Apollon, vexé de ce
que sa sœur eût tant d'amour pour ce géant, feignit de
douter qu'elle fût aussi habile que lui-même à lancer le
trait, et la défia de toucher un certain point noir que
l'on distinguait à peine au-dessus des flots, au milieu de
l'Océan. Diane accepta le défi, et lança le trait, qui alla
s'enfoncer dans la tête d'Orion : car c'était lui dont les
épaules, tout là-bas, s'élevaient à la surface des vagues.
Quoi qu'il en soit de cette mort, et que la cause en eût
été volontaire ou non, Diane en conçut, après coup, tant
de chagrin, qu'elle obtint de Jupiter que son amant fût
transporté parmi les astres du ciel. Et, en effet, la constellation géante resplendit là-haut du plus vif éclat, mais
Orion, le beau chasseur, n'a pas renoncé dans l'Olympe
à son plaisir favori : il y porte toujours son baudrier
garni de clous étincelants, et Diane, son éternelle
amante, l'y suit encore, comme autrefois sur terre.

Phaéton.

Phaéton était fils du Soleil et de la nymphe Clymène,
fille de l'Océan et de Téthys, et il aimait à se vanter de son
illustre origine. Sa beauté était étincelante : Vénus charmée lui avait confié la garde de ses autels. Ébloui d'un tel
honneur, le jeune homme entra un jour en querelle avec
Épaphus, fils de Jupiter et d'Io (1), qui lui déclara, pour
le piquer, qu'il n'avait aucun lien de parenté avec le
Soleil et qu'il lui seyait mal de tant faire le fier. Phaéton,
choqué de cette injure, s'en fut trouver sa mère, mais la
nymphe le renvoya, en souriant, auprès d'Apollon lui-
même. Il entra donc dans le palais du Soleil, et vit le dieu
sur ce trône où les diamants et l'or jettent des feux de

(1) Voir *Io*, p. 169.

toutes parts. Dès qu'Apollon l'aperçut, il se dépouilla de ses rayons et lui demanda le motif de sa venue. Phaéton raconta sa querelle avec le fils d'Io, et supplia son père de lui accorder une faveur qui attesterait aux yeux de tous sa véritable origine. Le dieu, dans un élan d'amour paternel, jura par le Styx de ne rien lui refuser. Alors Phaéton le pria de lui permettre d'éclairer le monde pendant un jour et de lui confier, sans qu'il l'accompagnât, la direction de son char. Effrayé d'un désir aussi déraisonnable et téméraire, le Soleil tenta vainement de dissuader son fils : mais il était lié par un serment irrévocable. Les Héliades, ses filles, attelèrent le char, et Phaéton prit les rênes en main. — Cependant les chevaux ne tardèrent pas à s'apercevoir qu'un autre que leur maître les guidait ce jour-là : ils allaient par bonds désordonnés, tantôt s'élevaient trop haut dans l'espace, et, menaçant d'embraser le ciel, faisaient mourir de froid les hommes sur la terre, tantôt descendaient trop bas, tarissant les rivières et brûlant les montagnes. A la fin, la Terre, desséchée jusqu'aux entrailles, porta ses plaintes au trône de Jupiter qui, pour prévenir de plus grands maux, ne trouva d'autre moyen que de foudroyer l'imprudent automédon (1). Le corps de Phaéton tomba dans l'Éridan. Cette catastrophe lamentable causa une si vive douleur à ses sœurs, les Héliades, qu'elles le pleurèrent des mois entiers sur les bords du fleuve : au bout de ce temps, les dieux apitoyés les métamorphosèrent en peupliers et leurs larmes en grains d'ambre.

Elles ne furent d'ailleurs point les seules à déplorer la mort de Phaéton. Cycnus, le fils du roi de Ligurie, ayant

(1) *Automédon* était le cocher d'Achille, après la mort duquel il devint l'écuyer de Pyrrhus, fils du héros. Son nom, passé dans la langue comme nom commun, est synonyme d'habile cocher.

appris la triste fin de son parent et ami, abandonna
aussitôt les États de son père, et, durant de longues années, on le vit, lui aussi, errer sur les rives du fleuve
sans pouvoir trouver de consolation. Les dieux le prirent
en pitié : ils changèrent en plumes ses cheveux que l'âge
avait blanchis, et son corps en celui d'un beau cygne.
Et c'est toujours, dit-on, le cher disparu qu'appelle ce
mélancolique oiseau dans ses promenades solitaires.

Philémon et Baucis.

Philémon et Baucis étaient deux vieillards phrygiens,
deux époux tendrement unis :

Hyménée et l'Amour, par des désirs constants,
Avaient uni leurs cœurs dès leur plus doux printemps :
Ni le temps ni l'hymen n'éteignirent leur flamme :
Clothon (1) prenait plaisir à filer cette traine.
Ils surent cultiver, sans se voir assistés,
Leur enclos et leur champ par deux fois vingt étés.
Eux seuls ils composaient toute leur république :
Heureux de ne devoir à pas un domestique
Le plaisir ou le gré (2) des soins qu'ils se rendaient.
Tout vieillit : sur leur front les rides s'étendaient ;
L'amitié modéra leurs feux sans les détruire,
Et par des traits d'amour sut encor se produire.
Ils habitaient un bourg plein de gens dont le cœur
Joignait aux duretés un sentiment moqueur :
Jupiter résolut d'abolir cette engeance.
Il part avec son fils, le dieu de l'éloquence (3);

(1) Même nom que Clotho, l'une des trois Parques. (Voir *Les
Parques*, p. 42.)
(2) La reconnaissance.
(3) Voir *Mercure*, p. 32.

Tous deux en pèlerins vont visiter ces lieux.
Mille logis y sont, un seul ne s'ouvre aux dieux.
Prêts enfin à quitter un séjour si profane,
Ils virent à l'écart une étroite cabane,
Demeure hospitalière, humble et chaste maison.
Mercure frappe : on ouvre. Aussitôt Philémon
Vient au-devant des dieux et leur tient ce langage :
« Vous me semblez tous deux fatigués du voyage,
Reposez-vous. Usez du peu que nous avons ;
L'aide des dieux a fait que nous le conservons :
Usez-en. Saluez ces pénates d'argile :
Jamais le ciel ne fut aux humains si facile
Que quand Jupiter même était de simple bois ;
Depuis qu'on l'a fait d'or, il est sourd à nos voix.
Baucis, ne tardez point ; faites tiédir cette onde.
Encor que le pouvoir au désir ne réponde,
Nos hôtes agréeront les soins qui leur sont dus. »
Quelques restes de feu sous la cendre épandus
D'un souffle haletant par Baucis s'allumèrent ;
Des branches de bois sec aussitôt s'enflammèrent.
L'onde tiède, on lava les pieds des voyageurs.
Philémon les pria d'excuser ces longueurs :
Et pour tromper l'ennui d'une attente importune,
Il entretint les dieux, non point sur la fortune,
Sur ses jeux, sur la pompe et la grandeur des rois,
Mais sur ce que les champs, les vergers et les bois
Ont de plus innocent, de plus doux, de plus rare.

Cependant par Baucis le festin se prépare.
La table où l'on servit le champêtre repas
Fut d'ais (1) non façonnés à l'aide du compas :
Encore assure-t-on, si l'histoire en est crue,

(1) Vieux mot qui signifie des planches de bois.

Qu'en un de ses supports le temps l'avait rompue.
Baucis en égala les appuis chancelants
Du débris d'un vieux vase, autre injure des ans.
Un tapis tout usé couvrit deux escabelles :
Il ne servait pourtant qu'aux fêtes solennelles.
Le linge orné de fleurs fut couvert, pour tous mets,
D'un peu de lait, de fruits, et des dons de Cérès.
Les divins voyageurs, altérés de leur course,
Mêlaient au vin grossier le cristal d'une source.
Plus le vase versait, moins il s'allait vidant.
Philémon reconnut ce miracle évident :
Baucis n'en fit pas moins : tous deux s'agenouillèrent ;
A ce signe d'abord leurs yeux se dessillèrent :
Jupiter leur parut avec ces noirs sourcils
Qui font trembler les cieux sur leurs pôles assis :
« Grand Dieu, dit Philémon, excusez notre faute :
Quels humains auraient cru recevoir un tel hôte ?
Ces mets, nous l'avouons, sont peu délicieux :
Mais, quand nous serions rois, que donner à des dieux ?
C'est le cœur qui fait tout : que la terre et que l'onde
Apprêtent un repas pour les maîtres du monde,
Ils lui préféreront les seuls présents du cœur. »
Baucis sort à ces mots pour réparer l'erreur.
Dans le verger courait une perdrix privée (1),
Et par de tendres soins dès l'enfance élevée ;
Elle en veut faire un mets, et la poursuit en vain :
La volatile échappe à sa tremblante main ;
Entre les pieds des dieux elle cherche un asile.
Ce recours à l'oiseau ne fut pas inutile :
Jupiter intercède. Et déjà les vallons
Voyaient l'ombre en croissant tomber du haut des monts.

(1) Apprivoisée.

Les dieux reçus à la table de Philémon et Baucis.
(Tableau de Rubens.)

Les dieux sortent enfin, et font sortir leurs hôtes.
« : De ce bourg, dit Jupin (1), je veux punir les fautes ;
Suivez-nous. Toi, Mercure, appelle les vapeurs (2).
O gens durs, vous n'ouvrez vos logis ni vos cœurs ! »
Il dit : et les autans (3) troublent déjà la plaine.
Nos deux époux suivaient, ne marchant qu'avec peine ;
Un appui de roseau soulageait leurs vieux ans :
Moitié secours des dieux, moitié peur, se hâtants,
Sur un mont assez proche enfin ils arrivèrent.
A leurs pieds aussitôt cent nuages crevèrent.
Des ministres du dieu les escadrons flottants
Entraînèrent, sans choix, animaux, habitants,
Arbres, maisons, vergers, toute cette demeure ;
Sans vestiges du bourg, tout disparut sur l'heure.
Les vieillards déploraient ces sévères destins.
Les animaux périr ! Car encor les humains,
Tous avaient dû tomber sous les célestes armes :
Baucis en répandit en secret quelques larmes.

Cependant l'humble toit devient temple, et ses murs
Changent leur frêle enduit aux marbres les plus durs.
De pilastres (4) massifs les cloisons revêtues
En moins de deux instants s'élèvent jusqu'aux nues ,
Le chaume devient or, tout brille en ce pourpris.
Tous ces événements sont peints sur le lambris.
Loin, bien loin, les tableaux de Zeuxis et d'Apelle ! (5)
Ceux-ci furent tracés d'une main immortelle.
Nos deux époux, surpris, étonnés, confondus,
Se crurent, par miracle, en l'Olympe rendus.

(1) Nom familier de Jupiter.
(2) Les nuées.
(3) Ce mot désigne quelquefois les vents du Midi, ou, d'une façon
plus générale, les vents violents. — (4) Piliers de forme carrée.
(5) Les plus célèbres peintres de l'antiquité grecque : Vᵉ siècle et
IVᵉ siècle avant J.-C.

« : Vous comblez, dirent-ils, vos moindres créatures :
Aurions-nous bien le cœur et les mains assez pures
Pour présider ici sur les honneurs divins,
Et, prêtres, vous offrir les vœux des pèlerins ? »
Jupiter exauça leur prière innocente.
« : Hélas ! dit Philémon, si votre main puissante
Voulait favoriser jusqu'au bout deux mortels,
Ensemble nous mourrions en servant vos autels :
Clothon ferait d'un coup ce double sacrifice ;
D'autres mains nous rendraient un vain et triste office (1) :
Je ne pleurerais point celle-ci, ni ses yeux
Ne troubleraient non plus de leurs larmes ces lieux. »
Jupiter à ce vœu fut encor favorable.
Mais oserai-je dire un fait presque incroyable ?
Un jour qu'étant tous deux dans le sacré parvis,
Ils contaient cette histoire aux pèlerins ravis,
La troupe à l'entour d'eux debout prêtait l'oreille ;
Philémon leur disait : « Ce lieu plein de merveille
N'a pas toujours servi de temple aux immortels :
Un bourg était autour, ennemi des autels,
Gens barbares, gens durs, habitacle (2) d'impies ;
Du céleste courroux tous furent les hosties (3).
Il ne resta que nous d'un si triste débris.
Vous en verrez tantôt (4) la suite en nos lambris (5) ;
Jupiter l'y peignit. » En contant ces annales (6),
Philémon regardait Baucis par intervalles :

(1) La pensée est celle-ci : Nous serions ensevelis par des mains
étrangères, et nous n'aurions ni l'un ni l'autre la douleur d'ensevelir
de nos propres mains notre vieux compagnon.
(2) Séjour.
(3) Les victimes.
(4) Tout à l'heure.
(5) *L'histoire* sur les *murs* de notre temple.
(6) Ces faits.

Elle devenait arbre, et lui tendait les bras ;
Il veut lui tendre aussi les siens, et ne peut pas.
Il veut parler, l'écorce a sa langue pressée (1) :
L'un et l'autre se dit adieu de la pensée ;
Le corps n'est tantôt (2) plus que feuillage et que bois.
D'étonnement, la troupe, ainsi qu'eux, perd la voix.
Même instant, même sort à leur fin les entraîne ;
Baucis devient tilleul, Philémon devient chêne.
On les va voir encore, afin de mériter
Les douceurs qu'en hymen Amour leur fit goûter.
Ils courbent sous le poids des offrandes sans nombre.
Pour peu que des époux séjournent sous leur ombre,
Ils s'aiment jusqu'au bout, malgré l'effort des ans.

LA FONTAINE. *Philémon et Baucis.*

Protée.

Fils de Neptune et de Téthys, Protée, dieu marin, était originaire de Pallène, en Macédoine, mais il n'y résidait point. De bonne heure, il avait fui ce pays pour y échapper au souvenir obsédant de ses deux fils géants, monstres de cruauté dont Hercule avait débarrassé la terre. Par un chemin que lui avait ouvert Neptune sous les flots, il avait passé en Égypte, où le dieu de la mer lui avait confié la garde de ses troupeaux marins et de ses phoques. A l'heure de midi, Protée sortait des eaux et venait se coucher dans une grotte, au bord de la mer. Et comme il tenait de son père, en retour des services qu'il lui rendait, le don de divination et de prophétie, comme il savait toutes choses, ce qui fut, ce qui est, et ce qui doit être, c'est là qu'on le guettait pour connaître l'avenir ;

(1) A pressé sa langue. — (2) Bientôt.

Le dieu Protée terrassé et vaincu.

mais il ne le révélait que cédant à la force. Pour
échapper à ceux qui l'interrogeaient, il se métamorpho-
sait subitement en mille formes effrayantes, sanglier
hérissé, tigre furieux, dragon couvert d'écailles, lionne
à la fauve crinière, tantôt flamme vive et pétillante, tantôt onde légère et subtile. Mais plus il prenait de formes
différentes, plus il était nécessaire de resserrer les liens
dont on l'avait chargé tout d'abord : alors, par une dernière métamorphose, il rentrait dans sa forme première (1). L'essentiel était de le surprendre pendant son
sommeil et de l'enchaîner tout aussitôt. — C'est lui que
consulta Ménélas à son retour de Troie pour connaître
les moyens de retourner en sa patrie. Et quand le pasteur Aristée se désolait de la perte de ses abeilles (2),
c'est à lui que la nymphe Cyrène envoya son fils pour
apprendre du devin par quels procédés il parviendrait
à repeupler ses ruches. — Ainsi prophétisait le véridique
vieillard, tandis qu'autour de lui les phoques marins,
enfants de l'eau salée, dormaient en troupes serrées,
exhalant l'odeur âcre de l'abîme.

Les Pygmées.

Les Pygmées sont les Lilliputiens (3) de l'antiquité. Ils
habitaient au bord de la mer, en Libye, où, chaque année,
les grues de Scythie venaient leur faire la guerre. Hauts
d'une coudée, ils chevauchaient alors sur des chèvres
pour combattre ces ennemis redoutables. Leurs femmes
étaient mères de famille à trois ans, et vieilles à huit.

(1) *Virgile :* Géorgiques, IV, 391-413. — (2) Voir *Orphée,* p. 158.
(3) Les *Lilliputiens* sont les habitants d'un pays imaginaire, le
Lilliput, où aborda Gulliver, le héros d'un roman de Swift, célèbre
écrivain irlandais du xviii⁰ siècle (*Voyages de Gulliver*). — Ces petits
hommes n'ont pas plus de six pouces de haut.

Leurs villes et leurs maisons étaient faites de coquilles
d'œufs ; à la campagne, ils se terraient dans des trous et
se servaient de cognées pour couper les blés. Un jour
qu'Hercule, après la terrible lutte qu'il venait de soutenir contre Antée (1), s'était endormi sur le sol même, une
armée de ces petits hommes, ayant aperçu le héros,
vint l'attaquer sous la conduite de leur reine, et prit,
pour le vaincre, les précautions ordinairement usitées
en cas de siège. Les deux ailes de l'armée fondent sur la
main droite, puis, tandis que le corps de bataille attaque
la gauche, les archers s'emparent des membres infé-
rieurs, et la reine Pigas, suivie de ses troupes les plus
vaillantes, se porte rapidement sur la tête, dont elle se
dispose à faire l'assaut. Hercule, réveillé par les cha-
touillements que lui occasionnait cette immense armée,
s'amusa quelques instants à considérer la tactique et les
efforts de ces braves ; finalement il saisit Pigas et la
fourmilière, les enferma dans sa peau de lion, et les
porta au palais d'Eurysthée. (Voir *Hercule*, p. 102 et 103.)

Pyrame et Thisbé.

Un jour vivaient à Babylone, en Assyrie, deux jeunes
amants qui s'aimaient d'amour tendre. L'un s'appelait
Pyrame, et l'autre Thisbé. Leurs demeures étaient voi-

(1) Antée, géant libyen, était fils de Neptune et de la Terre. Lutteur
formidable, il puisait au contact du sol des forces toujours nouvelles.
Tout étranger qui s'aventurait sur ses domaines devait lutter contre
lui, et devenait fatalement sa victime. Il avait édifié, dit-on, en
l'honneur de son père, un temple de soixante-quatre coudées de hauteur, entièrement construit avec les crânes de ceux qu'il avait vain-
cus. Hercule, passant par la Libye, le terrassa trois fois de suite,
mais, chaque fois que de ses épaules Antée touchait la Terre, sa
mère, le géant retrouvait les forces perdues. Hercule, s'en étant
aperçu, le souleva en l'air, et l'étouffa dans ses bras.

Pyrame et Thisbé.

sines, mais leurs parents étaient durs, et s'opposaient
à leurs entrevues ainsi qu'à leurs jolis rêves d'avenir.
Ne pouvant plus ni se voir ni se parler, ils trouvèrent
moyen de se donner un rendez-vous en dehors de la ville :
ils s'attendraient l'un l'autre, certain soir, sous un mûrier blanc qui bordait un chemin solitaire. Thisbé vint
la première au rendez-vous : pour dérober ses traits
aux regards curieux, elle avait enveloppé son beau et
chaste corps dans un long voile blanc. La lune resplen-
dissait au milieu des étoiles, la paix de l'air était sereine.
Tout à coup elle voit accourir une lionne, la gueule
ensanglantée. Prise d'effroi, la pauvre enfant se sauve,
et, dans sa précipitation, laisse tomber son voile. La bête
prend le change, se jette sur le fin tissu qu'elle déchire
et teint de sang, puis, sa rage assouvie, s'en va comme
elle était venue. Mais Thisbé n'était plus là. — Cependant Pyrame, le cœur radieux, se dirigeait vers le
mûrier blanc. Il voit à terre le voile sanglant de son
amante : il le ramasse, fou de douleur, le baise mille fois,
et, ne doutant plus que sa Thisbé ait été surprise et
dévorée par quelque animal, il se perce de son épée.
— Quelques moments après, Thisbé revient toute tremblante au rendez-vous : elle se hâte, elle a peur que son
amant ne l'ait attendue. Son pied heurte un objet sur le
chemin ; elle regarde : c'est Pyrame, Pyrame qui la voit,
mais qui déjà ne peut plus lui parler. Elle pousse un cri
désespéré, se jette sur le pauvre corps expirant, et,
ramassant l'épée fatale, se la plonge dans le cœur. Et le
sang qui s'écoulait de leurs blessures se répandit jusqu'au
mûrier, et les mûres blanches se teignirent à jamais de
rouge.

Les Sirènes.

Filles du fleuve Achéloüs (1) et de la muse Calliope, les
Sirènes, au nombre de trois, — quelques-uns disent huit,
— étaient des nymphes à la voix douce et mélodieuse.
Elles séjournaient tantôt en Sicile, à la pointe du cap

Les Sirènes cherchant à séduire des matelots.
(D'après une gravure du Cabinet des Estampes.)

Pélore, tantôt dans l'île Caprée, sur le littoral de la Cam-
panie. Le haut de leur corps était gracieux comme celui
d'une femme, et la partie inférieure avait la forme d'un
oiseau. A leurs bras flottait une paire d'ailes. Quand

(1) Voir *Les Nymphes*, p. 59, note 1.

Cérès avait perdu Proserpine, sa fille chérie (1), les
Sirènes, désolées d'une disparition qui était si doulou-
reuse à la pauvre mère, avaient prié les dieux de leur
accorder des ailes pour chercher leur compagne par toute
la terre. Mais, un jour, ayant osé disputer aux Muses le
prix du chant, elles furent vaincues dans cette lutte
téméraire, et, depuis lors, privées de cet ornement. — Du
reste, la tradition est fort incertaine concernant la forme
même des Sirènes, dont le corps, au dire de certains
poètes, se termine à son extrémité inférieure par une
queue de poisson. On raconte aussi que c'est, au contraire, pour ne s'être point opposées au rapt brutal de
Proserpine, que Cérès irritée avait changé les filles
d'Achéloüs en une sorte de monstre ailé. — Ce qu'il y
a de sûr, c'est que leurs chants, qu'on entendait de fort
loin, exerçaient sur les marins une séduction irrésistible, et que tous ceux qui passaient dans les environs
ne pouvaient se tenir d'aller vers elles et d'aborder sur
le rivage qu'elles habitaient. Alors, c'était fait d'eux : car
elles savaient les charmer si étrangement par l'harmonie
enchanteresse de leurs voix réunies, que les malheureux,
perdant jusqu'à l'envie de boire et de manger, ne tar-
daïent pas à mourir. La côte était toute blanche d'osse-
ments. Or, un oracle avait prédit que le jour où les
Sirènes verraient leurs mélodies impuissantes, elles-
mêmes périraient. Et voici qu'Ulysse, qui revenait de
Troie, ayant été poussé par le caprice des flots jusque
dans leurs parages, se souvint des conseils de la magicienne Circé (2), et ne voulut point courir le risque de
céder à la tentation fatale : il se boucha les oreilles avec de
la cire, et se fit attacher au mât par ses compagnons, leur

(1) Voir *Cérès*, p. 45.
(2) Voir *Circé*, p. 243.

enjoignant, si par hasard il demandait, en passant, à être
détaché, de ne tenir aucun compte de ce désir insensé.
Et en effet, quand le navire rasa la côte, et qu'Ulysse
aperçut les charmeuses dont la voix se faisait entendre à
travers son bouchon de cire, il intima l'ordre aux matelots de délier ses bras et son corps ; mais il avait si bien
pris toutes ses précautions, que le navire passa sans
s'arrêter et alla se perdre dans l'horizon lointain. Les
Sirènes, désolées de n'avoir pu le captiver, se précipitèrent
dans l'onde, où elles furent métamorphosées en rochers.
C'est le petit groupe d'îles rocheuses que l'on désigne
encore aujourd'hui sous le nom de Sirénuses.

Légende de Psyché.

La fable de Psyché n'appartient pas à la mythologie proprement dite. Elle est de l'invention d'Apulée, écrivain latin du II° siècle après J.-C. Mais l'allégorie en est si ingénieuse et si spirituelle, l'invention si délicate, qu'il n'est guère possible de la passer sous silence en un ouvrage spécialement consacré aux légendes de l'antiquité. La voici donc, ramenée à ses épisodes essentiels :

Psyché — dont le nom grec signifie *âme* — était fille d'un roi de la Terre. D'une beauté incomparable, elle excitait l'admiration de tous, et les sujets de son père en vinrent à lui élever un temple. Tourmentée par ses deux sœurs, qui lui portaient envie, elle s'attira en outre la haine de Vénus, qui ne pouvait souffrir qu'une simple mortelle lui fût comparée, et peut-être même préférée. La déesse confia le soin de sa vengeance à son fils. L'Amour devait percer d'un de ses traits le cœur de Psyché et lui inspirer de la passion pour un monstre. Et, en effet, un oracle terrible fit bientôt connaître au roi que la contrée était menacée des plus grands maux, si le soir même, il ne donnait sa fille pour épouse à un monstre suscité par la colère des dieux, et qui attendait la victime au plus haut point de la montagne avoisinante. Psyché devait gravir seule son calvaire : tel était l'ordre de l'oracle.

Or, le monstre suscité par le fils de Vénus n'était autre

que.... l'Amour en personne, soudainement épris de la
jeune vierge, et Psyché, qui ne le pouvait voir dans les
ténèbres de la nuit, n'eut rien à redouter de ce visiteur
inconnu. Les heures se passèrent en de longs et aimables
divertissements, et, dès que pâlirent les étoiles, l'hôte
mystérieux s'évanouit. Psyché se retrouva seule dans un
palais somptueux, très éprise à son tour, en vérité. Elle
redescendit, à la grande surprise de tous, et, le soir,
remonta joyeusement sur la montagne. Pourtant, elle eût
bien voulu connaître cet époux dont on lui avait inspiré
tant d'horreur : mais, à chacune de ses demandes, il
l'avait toujours suppliée de ne point chercher à satisfaire
cette curiosité vaine et de jouir simplement de sa félicité.

A la fin, ses sœurs, intriguées et jalouses, la raillèrent
de se résigner ainsi à ne jamais savoir qui donc était cet
étrange époux, et elles lui inspirèrent l'irrésistible désir
de le voir de ses propres yeux. Elle emporta donc un soir
une petite lampe garnie d'huile, et un glaive ; puis, profitant d'une minute où le monstre venait de s'endormir,
elle allume sa lampe, et s'approche à pas furtifs et lents.
Elle se penche..... et, saisie de la radieuse beauté du
jeune dieu, le veut voir de plus près encore : sa main
tremble, une goutte d'huile brûlante tombe sur la main
de son époux. L'Amour se réveille, hélas ! courroucé de
se voir découvert, et s'envole à jamais. Le palais s'évanouit, et Psyché reste seule sur la roche déserte et
ténébreuse.

Cependant Vénus apprenait de la Renommée que son
fils était souffrant et malade. Elle accourt, le soigne et le
guérit ; et alors, doublement irritée contre sa rivale, —
car le jeune dieu a tout conté à sa mère, qui, malgré son
chagrin, le gronde d'avoir ainsi trompé son attente, — elle
se retourne contre elle et la persécute de mille manières.

Enfin, après de nombreuses et pénibles épreuves, dont
sa victime triomphe grâce à la secrète assistance de

Psyché dans la barque de Charon.

l'Amour, et dont la plus redoutable fut cette fameuse descente aux Enfers où un nouvel accès d'indiscrète curiosité

faillit lui faire perdre à jamais la splendeur liliale de son
teint (1), la pauvre Psyché, que son divin époux n'avait
point cessé d'aimer, obtint du maître de l'Olympe d'être
admise au rang des dieux, et, purifiée de sa faute, de se
nourrir elle-même de l'ambroisie qui rend les êtres
immortels.

(1) Elle devait rapporter à Vénus une boîte de fard que lui donnerait Proserpine. Mais Psyché ne put se tenir, contrairement à la
défense qui lui en avait été faite, d'ouvrir la boîte, et il en sortit une
fumée pénétrante qui teignit de noir toute sa peau. Elle ne reprit son
teint de lys que beaucoup plus tard, par un miracle de Jupiter lui-
même.

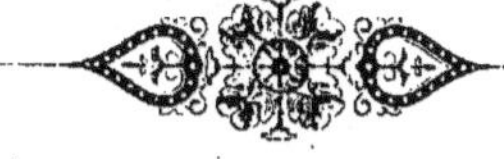

TABLE DES GRAVURES

INDEX-LEXIQUE

TABLE DES MATIÈRES

DIEUX ET DÉESSES

LES LÉGENDES

Paris. — Imp. E. Capiomont et Cie, rue de Seine, 57.

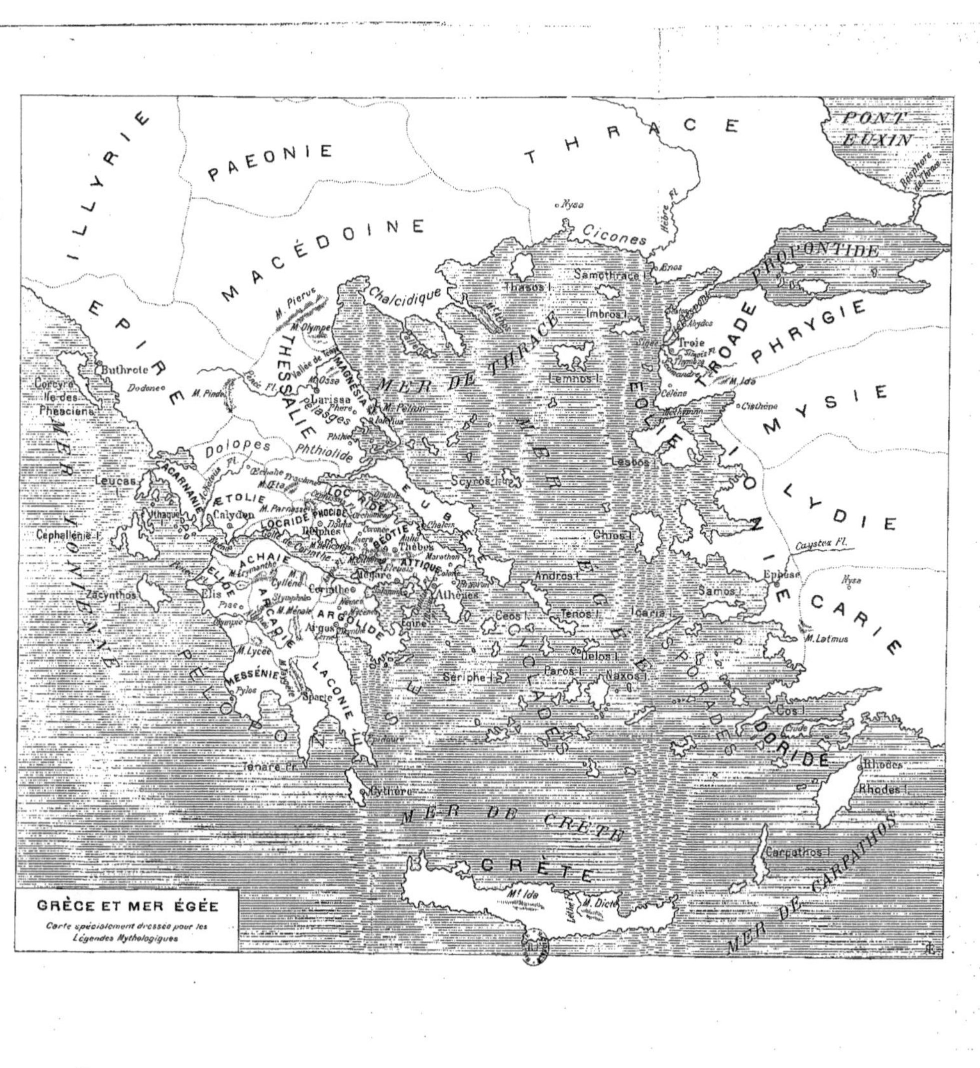

ILLYRIE
PAEONIE
THRACE
PONT EUXIN
MACÉDOINE
Cicones
Nysa
Bosphore de Thrace
Hèbre Fl.
Thasos I.
Samothrace
Enos
M. Pierus
Chalcidique
TROADE
PROPONTIDE
M. Olympe
MER DE THRACE
Imbros I.
Abydos
PHRYGIE
EPIRE
THESSALIE
MAGNÉSIE
Troie
Buthrote
Vallée de Tempé
Simoïs Fl.
M. Ida
Dodone
Ossa
Scamandre Fl.
MYSIE
Corcyre
M. Pinde
Lemnos I.
Célène
Ile des
Phéaciens
Larissa
M. Pélion
Cténène
Pélasges
Iolchos
Phères
Lesbos
LYDIE
MER IONIENNE
Dolopes
Phthia
Caystre Fl.
Phthiotide
Leucas
ACARNANIE
M. Éta
Scyros I.
Nysa
ÆTOLIE
LOCRIDE
Chios I.
Éphèse
Calydon
M. Parnasse
PHOCIDE
Ithaque
Delphes
Chalcis
Androst.
Samos I.
CARIE
Céphallénie I.
ACHAIE
M. Hélicon
BÉOTIE
Thèbes
Icaria I.
ARCADIE
Marathon
Céos I.
Ténos I.
M. Latmus
Zacynthos
Corinthe
ATTIQUE
Elis
ARGOLIDE
Athènes
Délos I.
Argos
Égine
CYCLADES
Naxos I.
M. Lycée
Sériphe I.
Paros I.
MESSÉNIE
SPORADES
Cos I.
Pylos
LACONIE
DORIDE
Sparte
Rhodes
Ténare Pr.
Épidaure
Rhodes I.
Cythère
MER DE CRÈTE
Carpathos I.
CRÈTE
MER DE CARPATHOS
M. Ida
M. Dicté
GRÈCE ET MER ÉGÉE
Carte spécialement dressée pour les
Légendes Mythologiques

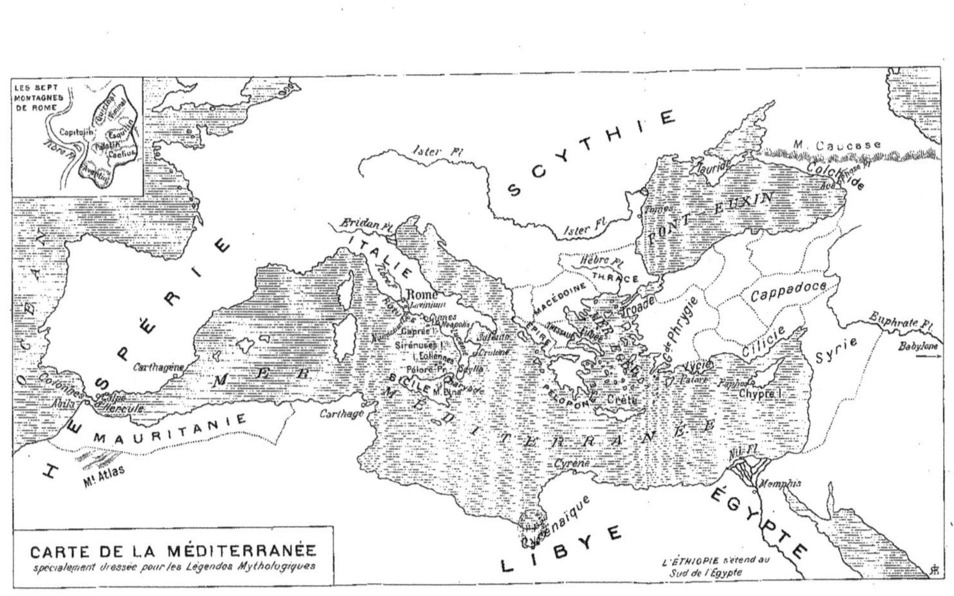

LES SEPT MONTAGNES DE ROME
Quirinal
Viminal
Capitolin
Esquilin
Palatin
Caelius
Aventin
Tibre Fl.
SCYTHIE
Ister Fl.
Ister Fl.
Eridan Fl.
ITALIE
Rome
Lavinium
Cumes
Néapolis
Caprée I.
Nola
Sirénuses I.
I. Éoliennes
Pélore Pr.
SICILE
Syracuse
Scylla
Crotone
Tauromin
HESPÉRIE
ESPAGNE
Carthagène
Colonnes
Calpe
Abila
d'Hercule
MAURITANIE
Mt Atlas
Carthage
MER MÉDITERRANÉE
Cyrène
Cyrénaïque
LIBYE
Tauride
PONT EUXIN
Tomes
THRACE
Hèbre Fl.
MACÉDOINE
Troade
ÉPIRE
Tenos
Thèbes
Gde Phrygie
PÉLOPONÈSE
Crète
Lycie
Patare
Paphos
Chypre I.
M. Caucase
Colchide
Phase Fl.
Cappadoce
Cilicie
Syrie
Euphrate Fl.
Babylone
ÉGYPTE
Nil Fl.
Memphis
L'ÉTHIOPIE s'étend au Sud de l'Égypte
CARTE DE LA MÉDITERRANÉE
spécialement dressée pour les Légendes Mythologiques